Hold Me Closer, Tony Danza

Charles Grosvenor Jr.

SASQUATCH BOOKS
SEATTLE

Printed in the United States of America
Published by Sasquatch Books
Distributed by PGW/Perseus
15 14 13 12 11 10 09 08 07   9 8 7 6 5 4 3 2 1

Cover design and illustration: Matt Terich
Interior design and composition: Lesley Feldman

Library of Congress Cataloging-in-Publication Data

Grosvenor, Charles, Jr.
  Hold me closer, Tony Danza : and other misheard lyrics /
Charles Grosvenor Jr.
      p. cm.
  ISBN-13: 978-1-57061-533-7
  ISBN-10: 1-57061-533-0
  1. Music—Humor. 2. Songs—Texts—Humor. I. Title.

PN6231.M85G76 2007
782.42026'8—dc22

                              2007020903

Sasquatch Books
119 South Main Street, Suite 400
Seattle, WA 98104
(206) 467-4300
www.sasquatchbooks.com
custserv@sasquatchbooks.com

what are
misheard lyrics?

↘ *EVER HEAR SOMEONE SING THE LYRICS TO A SONG AND GET THEM WRONG?*

—

Chances are they didn't just misremember the lyrics; it is more likely they heard the lyrics incorrectly the first time around. The phenomenon of misheard lyrics was first termed "mondegreen" by Sylvia Wright in a 1954 **Harper's Magazine** *article about misheard lines of poetry. In a line of poetry, Ms. Wright misheard the line, "And laid him on the green," as the name "Lady Mondegreen."*

—

Your brain will helpfully fill in the blanks for you when you are missing information. When you're watching a movie, your brain fills in the split second between frames to create the illusion of motion. When you're listening to a song, your brain fills in missing information using the surrounding words to try to guess what the garbled words might be.

The result of your brain's helpfulness can be a lot of fun, but it can be serious business, too. The indecipherable lyrics of the Kingsmen's version of "Louie, Louie" launched an FBI obscenity investigation in the 1960s. Concerned parents across the country wrote in to complain that the lyrics were obscene, and the FBI sent out agents to gather "interpretations" after the crime labs couldn't figure out the lyrics either. While the feds found plenty of interesting interpretations, ultimately the obscenity wasn't in the song, just in the ears of some creative teenagers.

This book collects the best of the more than 100,000 examples of misheard lyrics found on my Web site (amiright.com).

Did I go crazy, or did you just call me Superman?

CORRECT // *IF I GO CRAZY, THEN WILL YOU STILL CALL ME SUPERMAN?*

3 DOORS DOWN

Foreign men, I still love foreign men

CORRECT // *FALLING IN, I FEEL I'M FALLING IN*

In this world, there's real and Maybelline

CORRECT // *IN THIS WORLD, THERE'S REAL AND MAKE BELIEVE*

We're gon' send a cardy like it's your birthday

—

CORRECT // *WE'RE GON' SIP BACARDI LIKE IT'S YOUR BIRTHDAY*

ARTIST

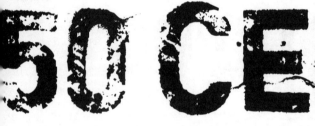

PIMP

You better let go, Burns

—

CORRECT // *NO CADILLACS, NO PERMS*

WHAT UP GANGSTA

What up, Gun? (What) What up, Cuz? (What)

—

CORRECT // *WHAT UP, BLOOD? (WHAT) WHAT UP, CUZ? (WHAT)*

I DO (CHERISH YOU)

Your hair versus mine

—

CORRECT // *YOUR HAND BRUSHES MINE*

98 DEGREES

THE HARDEST THING

I go to Chicago

—

CORRECT // *LIKE DR. ZHIVAGO*

GIVE ME JUST ONE NIGHT (UNA NOCHE)

Give me just one night, on a lawn chair!

—

CORRECT // *GIVE ME JUST ONE NIGHT, UNA NOCHE!*

Give me tube socks and long sleeves

—

CORRECT // *GIVE ME GOOSE BUMPS AND HIGH FEVERS*

AALIYAH

Stroke it funny, stroke it funny

—

CORRECT // *STROKE IT FOR ME, STROKE IT FOR ME*

Now tell me what's the reason? Snoop Video?

—

CORRECT // *NOW TELL ME WHAT'S THE REASON? STUPID YO?*

—
CRAZY

I feel like a caribou

CORRECT // *I FEEL LIKE THE COLOR BLUE*

—
DUDE (LOOKS LIKE A LADY)

Do the dragon lady

CORRECT // *DUDE LOOKS LIKE A LADY*

—
I DON'T WANT TO MISS A THING

I don't want to miss James Dean

CORRECT // *I DON'T WANT TO MISS A THING*

—
JADED

Your finger's where it's at, but is that where it's supposed to be

CORRECT // *YOU THINK THAT'S WHERE IT'S AT, BUT IS THAT WHERE IT'S SUPPOSED TO BE*

—
JANIE'S GOT A GUN

Run away from the pagan

CORRECT // *RUN AWAY FROM THE PAIN, YEAH*

—
LOVE IN AN ELEVATOR

Kiss your sassy ass

CORRECT // *KISS YOUR SASSAFRAS*

DOWN IN A HOLE

But my wings have been sewed and I

—

CORRECT // *BUT MY WINGS HAVE BEEN SO DENIED*

THE ROOSTER

Yeah he come from Wooster

—

CORRECT // *YEAH HERE COME THE ROOSTER*

MAN IN THE BOX

Deny your make-up

—

CORRECT // *DENY YOUR MAKER*

WOULD?

Hail to the fludder girl

—

CORRECT // *INTO THE FLOOD AGAIN*

ARTIST

ALICE IN CHAINS

remove a letter from a song title

We think these songs would be better if the performer removed a single letter of the title.

↘ **FRIENDS WILL BE FIENDS**

"FRIENDS WILL BE
FRIENDS" BY QUEEN

↘ **COMIC GIRL**

"COSMIC GIRL"
BY JAMIROQUAI

↘ **88 LIES ABOUT 44 WOMEN**

"88 LINES ABOUT 44 WOMEN"
BY THE NAILS

↘ **SILVER AND OLD**

"SILVER AND COLD"
BY A.F.I.

↘ **MORNING RAIN**

"MORNING TRAIN"
BY SHEENA EASTON

↘ **BET ON THE BRAT**

"BEAT ON THE BRAT"
BY RAMONES

I keep on fallin' in an analog with you

—

CORRECT // *I KEEP ON FALLIN' IN AND OUT OF LOVE WITH YOU*

ARTIST

ALICIA KEYS

YOU DON'T KNOW MY NAME

And your cough mixture's shining all bright

—

CORRECT // *AND YOUR CUFF LINKS ARE SHINING ALL BRIGHT*

IF I AIN'T GOT YOU

Some people want collard greens

—

CORRECT // *SOME PEOPLE WANT DIAMOND RINGS*

SMOOTH CRIMINAL

Annie, are you O. J.?

CORRECT // *ANNIE, ARE YOU OK?*

ARTIST

ALIEN
ANT FARM

COURAGE

I never said you were a mud-stick at all

CORRECT // *I NEVER SAID YOU WERE A MISTAKE AT ALL*

MOVIES

And just like the blue bees

CORRECT // *AND JUST LIKE THE MOVIES*

Baby, baby, no Muslim man could ever

—

CORRECT // *BABY, BABY, NO MUSCLE MAN COULD SEVER*

AMY GRANT

My railroad runs through glue

—

CORRECT // *MY RED BLOOD RUNS TRUE BLUE*

Dark sides bees can see

—

CORRECT // *DARK SIDES BEST UNSEEN*

what if groups merged?

If two bands decide to combine, here's the new name we suggest they use.

↘ **45 CENT**

50 CENT & NICKELBACK

↘ **COLLECTIVE SOUL ASYLUM**

COLLECTIVE SOUL & SOUL ASYLUM

↘ **SMASHING CRANBERRIES**

THE SMASHING PUMPKINS & THE CRANBERRIES

↘ **HEART OF NOISE**

HEART & ART OF NOISE

↘ **ELECTRIC TRAFFIC LIGHT ORCHESTRA**

ELECTRIC LIGHT ORCHESTRA & TRAFFIC

↘ **LITTLE RIVER STYX BAND**

LITTLE RIVER BAND & STYX

You can suck my bear, undress my underwear

—

CORRECT // *YOU CAN BRUSH MY HAIR, UNDRESS ME EVERYWHERE*

ARTIST

DOCTOR JONES

Duck Tales, what can I do?

—

CORRECT // *DOCTOR, WHAT CAN I DO?*

LOLLIPOP

You were dressed like a man

—

CORRECT // *YOUR WORD IS MY COMMAND*

I AM THE HIGHWAY

I am not your concubine

—

CORRECT // _I AM NOT YOUR CARPET RIDE_

AUDIOSLAVE

LIKE A STONE

All your base belong to me

—

CORRECT // _IN YOUR HOUSE I LONG TO BE_

SHOW ME HOW TO LIVE

Mail in my head from my creator

—

CORRECT // _NAIL IN MY HAND FROM MY CREATOR_

AVRIL LAVIGNE

ANYTHING BUT ORDINARY

Sometimes I get so queer, I even freak my socks out

CORRECT // *SOMETIMES I GET SO WEIRD, I EVEN FREAK MYSELF OUT*

COMPLICATED

Chill out, watching Eleanor

CORRECT // *CHILL OUT, WHATCHA YELLIN' FOR?*

GET OVER IT

Sleeping by your side

CORRECT // *SLIPPING DOWN A SLIDE*

MY HAPPY ENDING

George Foreman happy ending

CORRECT // *SO MUCH FOR MY HAPPY ENDING*

LOSING GRIP

Grinning with the washed hair

CORRECT // *GRINNING WITH A LOST STARE*

SK8ER BOI

He was a punk, and she got straight A's

CORRECT // *HE WAS A PUNK, AND SHE DID BALLET*

bad choices for on-hold music

Songs you don't want to hear while waiting on hold for a particular business.

↘ **"HIGH ALL THE TIME" BY 50 CENT**

MARIJUANA USERS ANONYMOUS

↘ **"LOSER" BY BECK**

UNEMPLOYMENT OFFICE

↘ **"GEEK STINK BREATH" BY GREEN DAY**

DENTIST'S OFFICE

↘ **"ENTER SANDMAN" BY METALLICA**

INSOMNIAC HOTLINE

↘ **"I WILL REMEMBER YOU" BY SARAH MCLACHLAN**

AMNESIAC SUPPORT GROUP

THE CALL

We're going to a grape stand bye, alright? Gotta go

CORRECT // *WE'RE GOING TO A PLACE NEARBY, ALRIGHT? GOTTA GO*

DON'T WANT YOU BACK

Don't wash your back

CORRECT // *DON'T WANT YOU BACK*

EVERYBODY (BACKSTREET'S BACK)

If I sex you all

CORRECT // *AM I SEXUAL?*

THE ONE

Who will make all of your showers fun

CORRECT // *WHO WILL MAKE ALL YOUR SORROWS UNDONE*

SHAPE OF MY HEART

Loneliness is trying to call

CORRECT // *LONELINESS IS TRAGICAL*

SHOW ME THE MEANING OF BEING LONELY

As the Stone of Zerva trends

CORRECT // *EYES OF STONE OBSERVE THE TRENDS*

My cyanide girl

CORRECT // *MY SUN-EYED GIRL*

She's a drone in the revolution

CORRECT // *SHE'S ALONE IN THE NEW POLLUTION*

Soiled a pair of drawers

CORRECT // *SOY UN PERDEDOR*

I got two tin cans and a microphone

CORRECT // *I GOT TWO TURNTABLES AND A MICROPHONE*

ARTIST

BECK

BABY BOY

Feels like Drew Barry dynasty

—

CORRECT // *FEELS LIKE TRUE PARADISE TO ME*

NAUGHTY GIRL

Tonight, I'll be your lobby girl

—

CORRECT // *TONIGHT, I'LL BE YOUR NAUGHTY GIRL*

CRAZY IN LOVE

When I talk to my friend Tom Wylie

—

CORRECT // *WHEN I TALK TO MY FRIENDS SO QUIETLY*

ME, MYSELF, AND I

I'm dealing with the crickets in my home

—

CORRECT // *I'M DEALING WITH YOUR THREE KIDS IN MY HOME*

ARTIST

BEYONCÉ

song mash ups

Remix artists are constantly combining songs in new and exciting ways. Here are some proposed titles for combinations they might try.

↘ **DID I SHAVE MY HOT LEGS FOR THIS?**

"DID I SHAVE MY LEGS FOR THIS?" BY DEANA CARTER & "HOT LEGS" BY ROD STEWART

↘ **DON'T STOP TALKING IN YOUR SLEEP**

"DON'T STOP" BY FLEETWOOD MAC & "TALKING IN YOUR SLEEP" BY THE ROMANTICS

↘ **SPENDING MY TIME IN A BOTTLE**

"SPENDING MY TIME" BY ROXETTE & "TIME IN A BOTTLE" BY JIM CROCE

↘ **YOUR BODY IS A WINTER WONDERLAND**

"YOUR BODY IS A WONDERLAND" BY JOHN MAYER & "WINTER WONDERLAND" BY BING CROSBY

↘ **THE BEAUTIFUL PEOPLE ARE STRANGE**

"THE BEAUTIFUL PEOPLE" BY MARILYN MANSON & "PEOPLE ARE STRANGE" BY THE DOORS

↘ **WISE UP, STUPID GIRL**

"WISE UP" BY AIMEE MANN & "STUPID GIRL" BY COLD

ARTIST

BLACK EYED PEAS

ANXIETY

And I don't fear bullets from Jay-Z

CORRECT // *AND I DON'T FEAR BULLETS FROM UZIS*

DON'T PHUNK WITH MY HEART

'Cause don't you know I'm Australian, baby?

CORRECT // *'CAUSE YOU KNOW YOU GOT ME BY A STRING, BABY*

HEY MAMA

Cooty, cooty

CORRECT // *CUTIE, CUTIE*

MY HUMPS

I met a girl down at Nabisco

CORRECT // *I MET A GIRL DOWN AT THE DISCO*

SHUT UP

Shudder, just shudder, shudder

CORRECT // *SHUT UP, JUST SHUT UP, SHUT UP*

WHERE IS THE LOVE?

Farmer, farmer, farmer help us

CORRECT // *FATHER, FATHER, FATHER HELP US*

ADAM'S SONG

I never conquered rally games

CORRECT // *I NEVER CONQUERED, RARELY CAME*

ALL THE SMALL THINGS

All the small things, Drew Carey sings

CORRECT // *ALL THE SMALL THINGS, TRUE CARE, TRUTH BRINGS*

DAMMIT (GROWING UP)

We're like dead hippies growing old

CORRECT // *WELL, I GUESS THIS IS GROWING UP*

FIRST DATE

I just hugged everybody in the room

CORRECT // *I'M JEALOUS OF EVERYBODY IN THE ROOM*

THE ROCK SHOW

It's like a stripper outside my window

CORRECT // *I'M GONNA SNEAK IN THROUGH HER WINDOW*

WHAT'S MY AGE AGAIN?

What's my agent get?

CORRECT // *WHAT'S MY AGE AGAIN?*

songs to respond to other songs

Pop music has a long history of songs that were recorded in response to other songs. The following songs weren't recorded in response to another song, but based on the song titles, we think they could have been.

↘ **"WHO LET THE DOGS OUT"**
BY BAHA MEN

"IT WASN'T ME"
BY SHAGGY

↘ **"(I JUST) DIED IN YOUR ARMS TONIGHT"**
BY CUTTING CREW

"HA HA YOU'RE DEAD"
BY GREEN DAY

↘ **"WHY?"**
BY JADAKISS

"WHY NOT?"
BY HILARY DUFF

↘ **"HEY BABY"**
BY NO DOUBT

"DON'T CALL ME BABY"
BY MADISON AVENUE

ALWAYS

That this old donkey tub

CORRECT // *THAT THIS OLD DOG KICKED UP*

BAD MEDICINE

Sam Kinison is what I need

CORRECT // *BAD MEDICINE IS WHAT I NEED*

IT'S MY LIFE

My grave will say, I did it my way

CORRECT // *LIKE FRANKIE SAID, I DID IT MY WAY*

LIVIN' ON A PRAYER

Take my pants, we'll make it, I swear

CORRECT // *TAKE MY HAND, WE'LL MAKE IT, I SWEAR*

WANTED DEAD OR ALIVE

I must steal the horse I ride

CORRECT // *ON A STEEL HORSE I RIDE*

YOU GIVE LOVE A BAD NAME

Shop at the mart, but you're too late

CORRECT // *SHOT THROUGH THE HEART, AND YOU'RE TO BLAME*

Tell me if I'm fine or if I'm wearing clothes

—

CORRECT // *TELL ME IF I'M FAR OR IF I'M GETTING CLOSE*

ARTIST

BRANDY

WHAT ABOUT US?

Forget about the friend who lied

—

CORRECT // *FORGET ABOUT THE BRAND NEW LIFE*

SITTIN' UP IN MY ROOM

I must confess, I'm a pest for you

—

CORRECT // *I MUST CONFESS I'M A MESS FOR YOU*

—

. . . BABY ONE MORE TIME

Hit me, baby, in the eye

CORRECT // *HIT ME, BABY, ONE MORE TIME*

—

BOYS

What would it take for you to just sleep with me

CORRECT // *WHAT WOULD IT TAKE FOR YOU TO JUST LEAVE WITH ME*

—

I'M A SLAVE 4 U

Let's go hide the mayonnaise

CORRECT // *LEAVING BEHIND MY NAME AND AGE*

—

I'M NOT A GIRL, NOT YET A WOMAN

I'm not a pearl, not yet a woman

CORRECT // *I'M NOT A GIRL, NOT YET A WOMAN*

—

OOPS! . . . I DID IT AGAIN

Medicine from a dove

CORRECT // *THAT I'M SENT FROM ABOVE*

—

SOMETIMES

If you love me, just hit me

CORRECT // *IF YOU LOVE ME, TRUST IN ME*

BRITNEY SPEARS

BORN IN THE U.S.A.

I had a brother I can't solve

—

CORRECT // *I HAD A BROTHER AT KHE SAHN*

GLORY DAYS

Forty days

—

CORRECT // *GLORY DAYS*

BRILLIANT DISGUISE

Is that you baby, or just a bird in disguise

—

CORRECT // *IS THAT YOU BABY, OR JUST A BRILLIANT DISGUISE*

I'M ON FIRE

And a freight train runnin' through the middle of my bed

—

CORRECT // *AND A FREIGHT TRAIN RUNNIN' THROUGH THE MIDDLE OF MY HEAD*

ARTIST

BRUCE SPRINGSTEEN

add a letter to a song title

We think these songs would be better if the performer added a single letter to the title.

↘ **PLUCKY**

"LUCKY" BY BRITNEY SPEARS

↘ **WHEN WE WAS FLAB**

"WHEN WE WAS FAB"
BY GEORGE HARRISON

↘ **CHARMLESS HEART**

"HARMLESS HEART"
BY TRISHA YEARWOOD

↘ **THE FATE OF THE LAND**

"THE FAT OF THE LAND"
BY PRODIGY

↘ **HAVEN'T GOT TIME FOR THE PAINT**

"HAVEN'T GOT TIME FOR
THE PAIN" BY CARLY SIMON

↘ **THE CRISCO KID**

"THE CISCO KID" BY WAR

↘ **FART FOR ART'S SAKE**

"ART FOR ART'S SAKE" BY 10CC

BECAUSE YOU LOVED ME

You saw the vegetables in me

—

CORRECT // YOU SAW THE BEST THERE WAS IN ME

I'M ALIVE

When you color me

—

CORRECT // WHEN YOU CALL ON ME

MY HEART WILL GO ON

I believed that the hot dogs were warm

—

CORRECT // I BELIEVE THAT THE HEART DOES GO ON

THAT'S THE WAY IT IS

You can win in this sink of lard

—

CORRECT // YOU CAN WIN IN THIS THING CALLED LOVE

ARTIST

CELINE DION

CHRISTINA AGUILERA

BEAUTIFUL

The pizza's gone

CORRECT // *THE PIECE IS GONE*

DIRRTY

Bow to Iraq

CORRECT // *'BOUT TO ERUPT*

FIGHTER

So thanks for making me a spider

CORRECT // *SO THANKS FOR MAKING ME A FIGHTER*

GENIE IN A BOTTLE

You can read it in the Bible

CORRECT // *I'M A GENIE IN A BOTTLE*

I TURN TO U

For a sheep from a stone

CORRECT // *FOR A SHIELD FROM A STORM*

WHAT A GIRL WANTS

What a girl flaunts, What a girl weeds

CORRECT // *WHAT A GIRL WANTS, WHAT A GIRL NEEDS*

change a letter in a song title

We think these songs would be better if the performer changed a single letter of the title.

↘ **50 WAYS TO LEASE YOUR LOVER**

  "50 WAYS TO LEAVE YOUR LOVER" BY PAUL SIMON

↘ **HERE COMES THE SUB**

  "HERE COMES THE SUN" BY THE BEATLES

↘ **THEN HE DISSED ME**

  "THEN HE KISSED ME" BY THE CRYSTALS

↘ **ZANY MEN**

  "MANY MEN" BY 50 CENT

↘ **LOVE YOURSELF**

  "LOSE YOURSELF" BY EMINEM

↘ **BRING YOUR LAUGHTER . . . TO THE SLAUGHTER**

  "BRING YOUR DAUGHTER . . . TO THE SLAUGHTER" BY IRON MAIDEN

I bet you think I'm fruity

—

CORRECT // *I BET YOU WANT THE GOODIES*

1, 2 STEP

This beat is hydroponic, supersonic, hypnotic, smelling fresh

—

CORRECT // *THIS BEAT IS AUTOMATIC, SUPERSONIC, HYPNOTIC, FUNKY FRESH*

OH

Oh, round here they fry 'em slow

—

CORRECT // *OH, ROUND HERE WE RIDING SLOW*

ARTIST

COLDPLAY

CLOCKS
Transfusion that never stops, the closing jaws and chicken pox
CORRECT // *CONFUSION THAT NEVER STOPS, THE CLOSING WALLS AND TICKING CLOCKS*

RUSH OF BLOOD TO THE HEAD
They say spiders need to grow arms
CORRECT // *THEY SAY START AS YOU MEAN TO GO ON*

SHIVER
Don't eat liver
CORRECT // *DON'T YOU SHIVER*

SPEED OF SOUND
Some get laid, and some get slammed
CORRECT // *SOME GET MADE, AND SOME GET SENT*

TROUBLE
And they spammed the Web for me
CORRECT // *AND THEY SPUN A WEB FOR ME*

YELLOW
Lou Cat, the Scar
CORRECT // *LOOK AT THE STARS*

EURO-TRASH GIRL

You're a trash girl

—

CORRECT // *EURO-TRASH GIRL*

—
LOW

Being with you, girl, is like being alone

—

CORRECT // *I'LL BE WITH YOU, GIRL, LIKE BEING LOW*

TEEN ANGST (WHAT THE WORLD NEEDS NOW)

What the world needs now is a new kind of tinsel

—

CORRECT // *WHAT THE WORLD NEEDS NOW IS A NEW KIND OF TENSION*

ARTIST

CRACKER

HIGHER

To a place where linemen sing

CORRECT // *TO A PLACE WHERE BLIND MEN SEE*

MY SACRIFICE

My sack of rice

CORRECT // *MY SACRIFICE*

WHAT'S THIS LIFE FOR

'Cause we all live under the rule of the monkey

CORRECT // *'CAUSE WE ALL LIVE UNDER THE REIGN OF ONE KING*

WHAT IF

Wanted, wanted eye

CORRECT // *WHAT IF EYE FOR AN EYE*

WITH ARMS WIDE OPEN

Well, Nigel heard the news today

CORRECT // *WELL, I JUST HEARD THE NEWS TODAY*

remove a letter from a song title

We think these songs would be better if the performer removed a single letter of the title.

↘ I WANNA BE SEATED

"I WANNA BE SEDATED"
BY RAMONES

↘ DANCING WITH MY ELF

"DANCING WITH MYSELF"
BY BILLY IDOL

↘ PAY FOR THE FISH

"PRAY FOR THE FISH"
BY RANDY TRAVIS

↘ MALL TOWN

"SMALL TOWN"
BY JOHN MELLENCAMP

↘ BEAUTIFUL NOSE

"BEAUTIFUL NOISE"
BY NEIL DIAMOND

↘ HOP AROUND

"SHOP AROUND" BY THE
MIRACLES FEATURING BILL
"SMOKEY" ROBINSON

CRASH INTO ME

Hike up your skirt little boy, and show the world to me

—

CORRECT // *HIKE UP YOUR SKIRT A LITTLE MORE, AND SHOW THE WORLD TO ME*

ARTIST

DAVE MATTHEWS BAND

ANTS MARCHING

He forgets them and remembers being swallowed

—

CORRECT // *HE FORGETS THEM AND REMEMBERS BEING SMALL*

SATELLITE

Keeping time for the mother station

—

CORRECT // *PEEPING TOM FOR THE MOTHER STATION*

CONSUME ME

You can sue me

—

CORRECT // _YOU CONSUME ME_

WANNA BE LOVED

I've never heard a dinosaur

—

CORRECT // _I'VE NEVER HEARD A DYING SOUL_

SOCIALLY ACCEPTABLE

"In God We Trust" is on American porn

—

CORRECT // _"IN GOD WE TRUST" IS AN AMERICAN PUN_

ARTIST

DC TALK

Strange eyes and strange nose

CORRECT // *STRANGE HIGHS AND STRANGE LOWS*

DEPECHE MODE

Reach out and suck face

CORRECT // *REACH OUT AND TOUCH FAITH*

Words are ferries but necessary

CORRECT // *WORDS ARE VERY UNNESESSARY*

what if groups merged?

If two bands decide to combine,
here's the new name we suggest they use.

↘ **SQUIRREL NUT ZAPPAS**

SQUIRREL NUT ZIPPERS
& FRANK ZAPPA

↘ **NINE DAYS AIR SUPPLY**

NINE DAYS & AIR SUPPLY

↘ **FOUNTAINS OF PAIN**

HOUSE OF PAIN &
FOUNTAINS OF WAYNE

↘ **EVERLAST GOBSTOPPER**

EVERLAST & GOBSTOPPER

↘ **CONNIE CHUNG**

CONNIE FRANCIS &
WANG CHUNG

↘ **LINKIN CHAINS**

ALICE IN CHAINS &
LINKIN PARK

DESTINY'S CHILD

BILLS, BILLS, BILLS

At first we started out a crew

CORRECT // *AT FIRST WE STARTED OUT REAL COOL*

BOOTYLICIOUS

I don't think you ready for fish jelly

CORRECT // *I DON'T THINK YOU READY FOR THIS JELLY*

EMOTION

It's just the ocean taking me over

CORRECT // *IT'S JUST EMOTIONS TAKING ME OVER*

INDEPENDENT WOMEN (PART 1)

The shoes on my feet are Prada

CORRECT // *THE SHOES ON MY FEET, I'VE BOUGHT IT*

LOSE MY BREATH

I am stunned to believe, that I weigh too much for you

CORRECT // *I'M STARTIN' TO BELIEVE, THAT I'M WAY TOO MUCH FOR YOU*

I won't poke my eyes out and surrender

—

CORRECT // *I WON'T PUT MY HANDS UP IN SURRENDER*

DIDO

For giving me the Mustang of my life

—

CORRECT // *FOR GIVING ME THE BEST DAY OF MY LIFE*

I hear your hair is smellin' clean

—

CORRECT // *HEAR YOUR HOUSE IS SMART AND CLEAN*

WIDE OPEN SPACES

As her folks drive away, her dad yells, "Chucky Boil!"

—

CORRECT // *AS HER FOLKS DRIVE AWAY, HER DAD YELLS, "CHECK THE OIL!"*

LONG TIME GONE

I ain't plucked my nose since I don't know when

—

CORRECT // *I AIN'T HONKED A HORN SINCE I DON'T KNOW WHEN*

COLD DAY IN JULY

Cold engine light

—

CORRECT // *COLD DAY IN JULY*

COWBOY TAKE ME AWAY

On a pillow of blue vomit

—

CORRECT // *ON A PILLOW OF BLUE BONNETS*

ARTIST

DIXIE CHICKS

bad choices for on-hold music

Songs you don't want to hear while waiting on hold for a particular business.

↘ **"THE FIRST CUT IS THE DEEPEST" BY SHERYL CROW**

SURGEON'S OFFICE

↘ **"DON'T SPEAK" BY NO DOUBT**

SPEECH THERAPY CLINIC

↘ **"KNOCKING ON HEAVEN'S DOOR" BY GUNS N' ROSES**

HOSPICE

↘ **"DANCING WITH MYSELF" BY BILLY IDOL**

ESCORT SERVICE

↘ **"WELCOME TO MY NIGHTMARE" BY ALICE COOPER**

SLEEP DISTURBANCE CLINIC

ORDINARY WORLD

Crazy summer sale

—

CORRECT // *CRAZY, SOME'D SAY*

THE REFLEX

The loose kegs

—

CORRECT // *THE REFLEX*

A VIEW TO A KILL

A chance to find a Felix for the flame

—

CORRECT // *A CHANCE TO FIND A PHOENIX FOR THE FLAME*

RIO

I might ride her if I'm looking like I can

—

CORRECT // *I MIGHT FIND HER IF I'M LOOKING LIKE I CAN*

ARTIST

DURAN DURAN

song mash ups

Remix artists are constantly combining songs in new and exciting ways. Here are some proposed titles for combinations they might try.

↘ **LARGER THAN LIFE IN THE FAST LANE**

  "LARGER THAN LIFE" BY THE BACKSTREET BOYS & "LIFE IN THE FAST LANE" BY THE EAGLES

↘ **TIME WAITS IN A BOTTLE FOR NO ONE**

  "TIME WAITS FOR NO ONE" BY MEREDITH BROOKS & "TIME IN A BOTTLE" BY JIM CROCE

↘ **I'M ONLY HAPPY WHEN IT'S RAINING MEN**

  "I'M ONLY HAPPY WHEN IT RAINS" BY GARBAGE & "IT'S RAINING MEN" BY THE WEATHER GIRLS

↘ **SMOKE ON THE WATER GETS IN YOUR EYES**

  "SMOKE ON THE WATER" BY DEEP PURPLE & "SMOKE GETS IN YOUR EYES" BY THE PLATTERS

↘ **PIECES OF ME AND YOU**

  "PIECES OF ME" BY ASHLEE SIMPSON & "PIECES OF YOU" BY JEWEL

↘ **SUPER FREAK ON A LEASH**

  "SUPER FREAK" BY RICK JAMES & "FREAK ON A LEASH" BY KORN

PHILADELPHIA FREEDOM

Piece of Mama Daddy never had

—

CORRECT // *PEACE OF MIND MY DADDY NEVER HAD*

ROCKET MAN

Porcupine, burned the only shoes I've ever known

—

CORRECT // *ROCKET MAN, BURNING OUT HIS FUSE UP HERE ALONE*

TINY DANCER

Hold me closer, Tony Danza

—

CORRECT // *HOLD ME CLOSER, TINY DANCER*

SATURDAY NIGHT'S ALRIGHT FOR FIGHTING

I may sink a little drink and shout out, "She's a man!"

—

CORRECT // *I MAY SINK A LITTLE DRINK AND SHOUT OUT, "SHE'S WITH ME!"*

ARTIST

ELTON JOHN

Songs to respond to other songs

Pop music has a long history of songs that were recorded in response to other songs. The following songs weren't recorded in response to another song, but based on the song titles, we think they could have been.

↘ "HOW COULD THIS HAPPEN TO ME?" BY SIMPLE PLAN

"KARMA" BY ALICIA KEYS

↘ "IS SHE REALLY GOING OUT WITH HIM?" BY JOE JACKSON

"IT SHOULD HAVE BEEN ME" BY OUTFIELD

↘ "THIS IS NOT AMERICA" BY DAVID BOWIE

"THIS IS ENGLAND" BY THE CLASH

↘ "SO WHAT'CHA WANT?" BY BEASTIE BOYS

"I WANT YOU" BY SAVAGE GARDEN

SUPERMAN

Rotten peaches?
Uh, that's great

CORRECT // *ROT IN PIECES? AWW THAT'S GREAT*

JUST LOSE IT

Oops! My city just skipped

CORRECT // *OOPS! MY CD JUST SKIPPED*

MY NAME IS

Hi kids, Do you like Primus?

CORRECT // *HI KIDS, DO YOU LIKE VIOLENCE?*

THE REAL SLIM SHADY

My humus on your lips

CORRECT // *MY BUM IS ON YOUR LIPS*

STAN

My tears gone cold

CORRECT // *MY TEA'S GONE COLD*

THE WAY I AM

To deal with these
cocky quotations

CORRECT // *TO DEAL WITH THESE COCKY
CAUCASIANS*

BRING ME TO LIFE

Only you are the light above my bed

CORRECT // *ONLY YOU ARE THE LIFE AMONG THE DEAD*

GOING UNDER

I snore like thunder

CORRECT // *I'M GOING UNDER*

IMAGINARY

Eaten by a field of paper flowers

CORRECT // *IN MY FIELD OF PAPER FLOWERS*

MY IMMORTAL

My plaid and satin dreams

CORRECT // *MY ONCE PLEASANT DREAMS*

TOURNIQUET

My soul is saved

CORRECT // *MY SUICIDE*

EVANESCENCE

add a letter to a song title

We think these songs would be better if the performer added a single letter to the title.

↘ **WHO'LL STOP THE DRAIN**

"WHO'LL STOP THE RAIN"
BY CREEDENCE CLEARWATER
REVIVAL

↘ **PIECES OF MEN**

"PIECES OF ME"
BY ASHLEE SIMPSON

↘ **TURN THE BEAST AROUND**

"TURN THE BEAT AROUND"
BY VICKI SUE ROBINSON

↘ **RUN AGROUND**

"RUN-AROUND"
BY BLUES TRAVELER

↘ **WHIPS DON'T LIE**

"HIPS DON'T LIE"
BY SHAKIRA

↘ **I LOVE YOUR SIMILE**
"I LOVE YOUR SMILE"
BY SHANICE

↘ **EXTERNAL FLAME**

"ETERNAL FLAME"
BY THE BANGLES

It's kids! It's kids! Unstoppable

—

CORRECT // *THIS KISS, THIS KISS, UNSTOPPABLE*

I gave no money or something in return

—

CORRECT // *I GAVE, NOT WANTING SOMETHING IN RETURN*

Squashing all the bees

—

CORRECT // *IT'S WASHING OVER ME*

FAITH HILL

DANCE, DANCE

These warts are all I have to arrive then

—

CORRECT // *THESE WORDS ARE ALL I HAVE SO I'LL WRITE THEM*

SUGAR, WE'RE GOIN' DOWN

I'm watching YouTube from the closet

—

CORRECT // *I'M WATCHING YOU TWO FROM THE CLOSET*

A LITTLE LESS SIXTEEN CANDLES, A LITTLE MORE TOUCH ME

I'm skipping all the boats once again, dreamin'

—

CORRECT // *I'M SLEEPING ON YOUR FOLKS' PORCH AGAIN, DREAMIN'*

NOBODY PUTS BABY IN THE CORNER

Heavy Irish pepper is a February day

—

CORRECT // *THE HAND BEHIND THIS PEN RELIEVES A FAILURE EVERY DAY*

ARTIST

Waco, my airplane

—

CORRECT // *AWAKE ON MY AIRPLANE*

HEY MAN NICE SHOT

That's why I save you a nation

—

CORRECT // *THAT'S WHY
I SAY HEY MAN, NICE SHOT*

THE ONLY WAY (IS THE WRONG WAY)

That your promises are omelets

—

CORRECT // *THAT YOUR PROMISES
ARE ALL MINE*

READY OR NOT

I'll be needing some more

—

CORRECT // *I'LL BE NINA SIMONE*

ARTIST

THE FUGEES

KILLING ME SOFTLY

Killing me softly with Islam

—

CORRECT // *KILLING ME SOFTLY WITH HIS SONG*

FAMILY BUSINESS

Navigate to rejuvenate thoughts of suicide with my nipple plate

—

CORRECT // *NAVIGATE TO REJUVENATE THOUGHTS OF SUICIDE WITH MY NICKEL PLATE*

change a letter in a song title

We think these songs would be better if the performer changed a single letter of the title.

↘ **COOKS THAT KILL**

"LOOKS THAT KILL"
BY MÖTLEY CRÜE

↘ **I'M IN LOVE WITH MY CAT**

"I'M IN LOVE WITH MY CAR"
BY QUEEN

↘ **HOW TO HANDLE A POPE**

"HOW TO HANDLE A ROPE"
BY QUEENS OF THE STONE AGE

↘ **DUMBER ONE**

"NUMBER ONE"
BY NELLY

↘ **LET'S JUST GET BAKED**

"LET'S JUST GET NAKED"
BY JOAN OSBORNE

↘ **LAY DOWN SADLY**

"LAY DOWN SALLY"
BY ERIC CLAPTON

I'm not big on sausage gravy

—

CORRECT // *I'M NOT BIG ON SOCIAL GRACES*

Papa's in Depends

—

CORRECT // *PAPA'S IN THE PEN*

Yeah, we're two of a kind, workin' on a gold hound

—

CORRECT // *YEAH, WE'RE TWO OF A KIND, WORKIN' ON A FULL HOUSE*

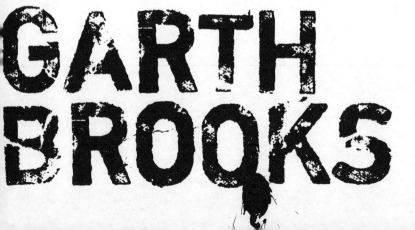

GARTH BROOKS

Dude I got your chew, stay away from me

—

CORRECT // *DO LIKE I TOLD YOU, STAY AWAY FROM ME*

GODSMACK

Blondes in the gap

—

CORRECT // *MIND THE GAP*

Camels raise my desire

—

CORRECT // *CANDLES RAISE MY DESIRE*

GOOD CHARLOTTE

THE ANTHEM

I'll never use a rat comb

CORRECT // ANOTHER LOSER ANTHEM

GIRLS AND BOYS

Girls don't like boys, girls like cows and bunnies

CORRECT // GIRLS DON'T LIKE BOYS, GIRLS LIKE CARS AND MONEY

THE CLICK

"Jesus," she called

CORRECT // SHE SAID SHE'D CALL

WALDORF WORLDWIDE

I want a hot girl and a little bitty bunny

CORRECT // I WANT A HOT GIRL AND A LITTLE BIT OF MONEY

WE BELIEVE

Let the Guinness wash away the pain

CORRECT // LET FORGIVENESS WASH AWAY THE PAIN

THE YOUNG AND THE HOPELESS

I'm young and I'm hopeless, I'm lost and I notice

CORRECT // I'M YOUNG AND I'M HOPELESS, I'M LOST AND I KNOW THIS

remove a letter from a song title

We think these songs would be better if the performer removed a single letter of the title.

↘ **CONSTANT RAVING**

"CONSTANT CRAVING"
BY K.D. LANG

↘ **HEAVE**

"HEAVEN" BY BRYAN ADAMS

↘ **SELLS LIKE TEEN SPIRIT**

"SMELLS LIKE TEEN SPIRIT"
BY NIRVANA

↘ **SHE'S SO OLD**

"SHE'S SO COLD"
BY ROLLING STONES

↘ **UNDER THE BRIDE**

"UNDER THE BRIDGE"
BY RED HOT CHILI PEPPERS

↘ **BONY AND IVORY**

"EBONY AND IVORY"
BY PAUL MCCARTNEY
AND STEVIE WONDER

ARTIST

GORILLAZ

CLINT EASTWOOD

Pickin' shoes, sittin' loose

CORRECT // *PICK AND CHOOSE, SIT AND LOSE*

DARE

You've got the breadstick on you

CORRECT // *YOU'VE GOT TO PRESS IT ON YOU*

DRACULA

Santa just told a lie

CORRECT // *THE PERCENTAGE OF US TOE THE LINE*

FEEL GOOD INC.

When we're in the fatherland

CORRECT // *WINDMILL, WINDMILL FOR THE LAND*

19-2000

It's amusing that we're Jews

CORRECT // *IT'S THE MUSIC THAT WE CHOOSE*

ARTIST

BASKET CASE

So quit my wife and kids, it's bringing her down

CORRECT // *SO QUIT MY WHINING CAUSE, IT'S BRINGING HER DOWN*

GOOD RIDDANCE (TIME OF YOUR LIFE)

Another turnip fork stuck in the road

CORRECT // *ANOTHER TURNING POINT, A FORK STUCK IN THE ROAD*

HOLIDAY

Another postmaster has crossed the line

CORRECT // *ANOTHER PROTESTER HAS CROSSED THE LINE*

JESUS OF SUBURBIA

I am the son of Asian love

CORRECT // *I'M THE SON OF RAGE AND LOVE*

MINORITY

Like a chipmunk from the hurt

CORRECT // *LIKE A SHEEP RUNS FROM THE HERD*

WELCOME TO PARADISE

Pay attention to the crack streets and the broken gnomes

CORRECT // *PAY ATTENTION TO THE CRACKED STREETS AND THE BROKEN HOMES*

what if groups merged?

If two bands decide to combine, here's the new name we suggest they use.

↘ **ALICIA'S CAR KEYS**

ALICIA KEYS & THE CARS

↘ **FOUR CRACKERJACKS AND A JILL**

CRACKER & FOUR JACKS AND A JILL

↘ **EXTREMELY BAD ENGLISH**

EXTREME & BAD ENGLISH

↘ **IGGY POPKORN**

IGGY POP & KORN

↘ **PANIC! AT THE POWER STATION**

PANIC! AT THE DISCO & POWER STATION

↘ **SWING OUT SCISSOR SISTERS**

SWING OUT SISTER & SCISSOR SISTERS

WHAT YOU WAITING FOR?

Born in Boston, move to Paris

—

CORRECT // *BORN TO BLOSSOM, BLOOM TO PERISH*

RICH GIRL

Hollywood mentioned in Baku

—

CORRECT // *A HOLLYWOOD MANSION IF I COULD*

HOLLABACK GIRL

Harley bat girl

—

CORRECT // *HOLLABACK GIRL*

ARTIST

GWEN STEFANI

I'm gonna wash away my celery

CORRECT // *LET IT WASH AWAY MY SANITY*

This is my dressing code

CORRECT // *WHEN YOU WANT TO DRESS IN GOLD*

Boy shoes and my rock star foe

CORRECT // *BOWLING SHOES AND MY ROCK STAR PHONE*

HILARY DUFF

CRAWLING IN THE DARK

I've been spinning in the dark, licking forty hamsters

—

CORRECT // *I'VE BEEN CRAWLING IN THE DARK, LOOKING FOR THE ANSWERS*

ARTIST

THE REASON

A reason to swim in you nude

—

CORRECT // *A REASON TO START OVER NEW*

JUST ONE

I need to seek advice to plead

—

CORRECT // *I NEED TO SEE IF I STILL BLEED*

We'll give the finger to those we pass on our way out of town

—

CORRECT // *WE'LL LEAVE THE FIGURING TO THOSE WE PASS ON OUR WAY OUT OF TOWN*

Well Camille

—

CORRECT // *WELCOME ME*

From a chin in a hand and a potted rose

—

CORRECT // *FROM A CHIN IN A HAND AND A THOUGHTFUL POSE*

ARTIST

INDIGO GIRLS

bad choices for on-hold music

Songs you don't want to hear while waiting on hold for a particular business.

↘ **"BETTER OFF ALONE" BY ALICE DEEJAY**

MARRIAGE COUNSELING HOTLINE

↘ **"TOXIC" BY BRITNEY SPEARS**

POISON CONTROL CENTER

↘ **"ALIVE AND KICKING" BY SIMPLE MINDS**

FUNERAL PARLOR

↘ **"CRASH" BY GWEN STEFANI**

DRIVING SCHOOL

↘ **"THE SKY IS THE LIMIT" BY NOTORIOUS B.I.G.**

ACROPHOBIA HOTLINE

My wife is pregnant

—

CORRECT // *MY LIFE IS BRILLIANT*

They've got a semi-modesty

—

CORRECT // *THEY'VE GOT A SEMI BY THE SEA*

Thinking, How does your tacos?

—

CORRECT // *DIGGING HOW THE GUITAR GOES*

ARTIST

JAMES BLUNT

I JUST WANNA LOVE YOU (GIVE IT 2 ME)

That sweet, that nasty, that Christian stuff

—

CORRECT // *THAT SWEET, THAT NASTY, THAT GUSHY STUFF*

BIG PIMPIN'

Big Simpson, spreading cheese

—

CORRECT // *BIG PIMPIN', SPENDING G'S*

CHANGE CLOTHES

Change clothes, there's a globe

—

CORRECT // *CHANGE CLOTHES, AND GO*

song mash ups

Remix artists are constantly combining songs in new and exciting ways. Here are some proposed titles for combinations they might try.

↘ STAIRWAY TO HEAVEN IS A PLACE ON EARTH

"STAIRWAY TO HEAVEN" BY LED ZEPPELIN & "HEAVEN IS A PLACE ON EARTH" BY BELINDA CARLISLE

↘ ENJOY THE SOUNDS OF SILENCE

"ENJOY THE SILENCE" BY DEPECHE MODE & "THE SOUNDS OF SILENCE" BY SIMON & GARFUNKEL

↘ I WANT YOUR SEX AND CANDY

"I WANT YOUR SEX" BY GEORGE MICHAEL & "SEX AND CANDY" BY MARCY PLAYGROUND

↘ PARANOID BECAUSE I GOT HIGH

"PARANOID" BY BLACK SABBATH & "BECAUSE I GOT HIGH" BY AFROMAN

↘ BLAME IT ON THE RAINY DAY PEOPLE

"BLAME IT ON THE RAIN" BY MILLI VANILLI & "RAINY DAY PEOPLE" BY GORDON LIGHTFOOT

↘ SYMPATHY FOR THE DEVIL IN DISGUISE

"SYMPATHY FOR THE DEVIL" BY THE ROLLING STONES & "DEVIL IN DISGUISE" BY ELVIS PRESLEY

LAST GOODBYE

Working so hard for the soap god

—

CORRECT // *THINKING SO HARD ON HER SOFT EYES*

SO REAL

All ... that was sorry

—

CORRECT // *OH ... THAT WAS SO REAL*

LILAC WINE

I like wine

—

CORRECT // *LILAC WINE*

ARTIST

JEFF
BUCKLEY

Amstel, Amstel, Jenny from the block

—
CORRECT // *I'M STILL, I'M STILL, JENNY FROM THE BLOCK*

Think I wanna dry Depends?

—
CORRECT // *THINK I WANNA DRIVE YOUR BENZ?*

Like a movie scene in a Swedish dream

—
CORRECT // *LIKE A MOVIE SCENE IN THE SWEETEST DREAMS*

ARTIST

JENNIFER LOPEZ

Songs to respond to other songs

Pop music has a long history of songs that were recorded in response to other songs. The following songs weren't recorded in response to another song, but based on the song titles, we think they could have been.

↘ "WHERE IS THE LOVE?"
BY BLACK EYED PEAS

"NO ONE KNOWS"
BY QUEENS OF THE
STONE AGE

↘ "WOULD I LIE TO YOU?"
BY EURYTHMICS

"I WISH YOU WOULD"
BY TRAIN

↘ "GIVE PEACE A CHANCE"
BY JOHN LENNON

"WHEN THE WAR IS OVER"
BY COLD CHISEL

↘ "WHATEVER HAPPENED
TO THE REVOLUTION?"
BY SKYHOOKS

"THE REVOLUTION WILL
NOT BE TELEVISED"
BY GIL SCOTT-HERON

More than just fizz, it's cold

—

CORRECT // *MORE THAN JUST PHYSICAL*

All the camels, come out, for a bite of a pear

—

CORRECT // *ALL THE CAMERAS, COME OUT, FOR A PUBLIC AFFAIR*

Just darkness out of view

—

CORRECT // *CHASED DARKNESS OUT OF VIEW*

I debate to your Maybelline

—

CORRECT // *I RELATE TO YOU NATURALLY*

ARTIST

JESSICA SIMPSON

add a letter to a song title

We think these songs would be better if the performer added a single letter to the title.

↘ **WHO LET THE DOGS POUT**

"WHO LET THE DOGS OUT"
BY BAHA MEN

↘ **RIDE THE WILD SMURF**

"RIDE THE WILD SURF"
BY JAN & DEAN

↘ **I'M IN LOVE WITH MY SCAR**

"I'M IN LOVE WITH MY CAR"
BY QUEEN

↘ **MY SWORDS ARE WEAPONS**

"MY WORDS ARE WEAPONS"
BY EMINEM

↘ **NEW ORLEANS IS STINKING**

"NEW ORLEANS IS SINKING"
BY THE TRAGICALLY HIP

↘ **BUY ME A CONDOM**

"BUY ME A CONDO"
BY "WEIRD AL" YANKOVIC

↘ **COVEN**

"OVEN" BY SEVEN MARY
THREE

YOUR BODY IS A WONDERLAND

Nevada is a bunny land

—

CORRECT // *YOUR BODY IS A WONDERLAND*

NO SUCH THING

I'm gonna bust out the devil dogs

—

CORRECT // *I'M GONNA BUST OUT THE DOUBLE DOORS*

NEON

She's always buzzing just like Eeyore, Eeyore

—

CORRECT // *SHE'S ALWAYS BUZZING JUST LIKE NEON, NEON*

ARTIST

JOHN MAYER

JUSTIN TIMBERLAKE

LIKE I LOVE YOU

Justin Timber, baby

—

CORRECT // *JUST BE LIMBER, BABY*

CRY ME A RIVER

Fry me a liver

—

CORRECT // *CRY ME A RIVER*

ROCK YOUR BODY

Just want a Russian girl

—

CORRECT // *JUST WANNA ROCK YOU GIRL*

change a letter in a song title

We think these songs would be better if the performer changed a single letter of the title.

↘ **DAISY PUKES**

"DAISY DUKES" BY 69 BOYZ

↘ **BUICK**

"BRICK" BY BEN FOLDS FIVE

↘ **WHAT WOULD YOU PAY**

"WHAT WOULD YOU SAY"
BY DAVE MATTHEWS BAND

↘ **A HORSE WITH NO GAME**

"A HORSE WITH NO NAME"
BY AMERICA

↘ **TANGLED UP IN GLUE**

"TANGLED UP IN BLUE"
BY BOB DYLAN

↘ **LOVE CHILI**

"LOVE CHILD"
BY DIANA ROSS &
THE SUPREMES

Oh, Chris de Burgh, Chris de Burgh

—

CORRECT // *OH, CRYSTAL BALL, CRYSTAL BALL*

Somewhere a weevil

—

CORRECT // *SOMEWHERE ONLY WE KNOW*

And only some dumb radio would let you go

—

CORRECT // *AND ONLY SOME DUMB IDIOT WOULD LET YOU GO*

KELLY CLARKSON

BECAUSE OF YOU

I will not make the same meat paste that you did

CORRECT // *I WILL NOT MAKE THE SAME MISTAKES THAT YOU DID*

BEHIND THESE HAZEL EYES

Behind is hate and lies

CORRECT // *BEHIND THESE HAZEL EYES*

BREAKAWAY

Travel on a damn plane

CORRECT // *TRAVEL ON A JET PLANE*

MISS INDEPENDENT

No longer need to be the biscuit

CORRECT // *NO LONGER NEED TO BE DEFENSIVE*

A MOMENT LIKE THIS

Some people wait a lifetime for a Mormon like this

CORRECT // *SOME PEOPLE WAIT A LIFETIME FOR A MOMENT LIKE THIS*

YOU THOUGHT WRONG

And you're Donkey Kong

CORRECT // *AT YOUR BECK AND CALL*

BAWITDABA

Bob with the bob

—

CORRECT // *BAWITDABA*

ARTIST

KID ROCK

I AM THE BULLGOD

I am the bold god

—

CORRECT // *I AM THE BULLGOD*

COWBOY

Keep on truckin' 'till it falls in the ocean

—

CORRECT // *KEEP ON TRUCKIN' 'TILL IT FALLS INTO MOTION*

SOMEBODY TOLD ME

You'll never need clothes in a place like this

—

CORRECT // *HEAVEN AIN'T CLOSE IN A PLACE LIKE THIS*

MR. BRIGHTSIDE

I missed a price sign

—

CORRECT // *I'M MR. BRIGHTSIDE*

ALL THESE THINGS THAT I'VE DONE

You know you got a healthy owl

—

CORRECT // *YOU KNOW YOU GOT TO HELP ME OUT*

ARTIST

THE KILLERS

remove a letter from a song title

We think these songs would be better if the performer removed a single letter of the title.

↘ **COORS OF THE WIND**

"COLORS OF THE WIND"
BY VANESSA WILLIAMS

↘ **KIND OF A RAG**

"KIND OF A DRAG"
BY THE BUCKINGHAMS

↘ **NEVER LET ME OWN AGAIN**

"NEVER LET ME DOWN
AGAIN" BY DEPECHE MODE

↘ **DID MY TIE**

"DID MY TIME" BY KORN

↘ **NAIVE NEW YORKER**

"NATIVE NEW YORKER"
BY ODYSSEY

↘ **TIM IS ON MY SIDE**

"TIME IS ON MY SIDE"
BY THE ROLLING STONES

FALLING AWAY FROM ME

Beating a clown, clown, into the ground

—

CORRECT // *BEATING ME DOWN, DOWN, INTO THE GROUND*

MAKE ME BAD

I am watching your eyes and follow my salvation

—

CORRECT // *I AM WATCHING THE RISE AND FALL OF MY SALVATION*

FREAK ON A LEASH

Feeling like a freak on a quiche

—

CORRECT // *FEELING LIKE A FREAK ON A LEASH*

GOT THE LIFE

Goggle eyes

—

CORRECT // *GOT THE LIFE*

ARTIST

KORN

Underwear is what we didn't have

—

CORRECT // *UNAWARE OF WHAT WE DIDN'T HAVE*

LAURYN HILL

Wyclef people always be the ones to settle

—

CORRECT // *WHY BLACK PEOPLE ALWAYS BE THE ONES TO SETTLE?*

Bad things, bad things, bad things

—

CORRECT // *THAT THING, THAT THING, THAT THING*

song mash ups

Remix artists are constantly combining songs in new and exciting ways. Here are some proposed titles for combinations they might try.

↘ **BROWN EYED GIRLFRIEND IN A COMA**

"BROWN EYED GIRL" BY VAN MORRISON & "GIRLFRIEND IN A COMA" BY THE SMITHS

↘ **BURNING DOWN ONE SIDE OF THE HOUSE**

"BURNING DOWN ONE SIDE" BY ROBERT PLANT & "BURNING DOWN THE HOUSE" BY TALKING HEADS

↘ **PAPA DON'T PRACTICE WHAT YOU PREACH**

"PAPA DON'T PREACH" BY MADONNA & "PRACTICE WHAT YOU PREACH" BY BARRY WHITE

↘ **POOR JENNY FROM THE BLOCK**

"JENNY FROM THE BLOCK" BY JENNIFER LOPEZ & "POOR JENNY" BY THE EVERLY BROTHERS

↘ **VIENNA CALLING AMERICA**

"VIENNA CALLING" BY FALCO & "CALLING AMERICA" BY ELECTRIC LIGHT ORCHESTRA

↘ **GOIN' CRAZY AND DANCING WITH MYSELF**

"GOIN' CRAZY" BY DAVID LEE ROTH & "DANCING WITH MYSELF" BY BILLY IDOL

Take 'em to the bathroom fridge

—

CORRECT // *TAKE 'EM TO THE MATTHEW'S BRIDGE*

LIMP BIZKIT

Check out, check out Penelope

—

CORRECT // *CHECK OUT, CHECK OUT MY MELODY*

So you can have a cookie, it's stinking up your hand

—

CORRECT // *SO YOU CAN TAKE THAT COOKIE, AND STICK IT UP YOUR (YEAH)*

LINKIN PARK

BREAKING THE HABIT

I died and locked the door

CORRECT // *I TIGHTLY LOCK THE DOOR*

CRAWLING

So *NSYNC should

CORRECT // *SO INSECURE*

FORGOTTEN

Now you got me caught in the yak

CORRECT // *NOW YOU GOT ME CAUGHT IN THE ACT*

IN THE END

I designed this fire to explain it two times

CORRECT // *I DESIGNED THIS RHYME TO EXPLAIN IN DUE TIME*

NUMB

Cotton the under tote

CORRECT // *CAUGHT IN THE UNDERTOW*

ONE STEP CLOSER

I find listening a risk

CORRECT // *I FIND BLISS IN IGNORANCE*

LIGHTNING CRASHES

Her intestines fall to the floor

—

CORRECT // *HER INTENTIONS FALL TO THE FLOOR*

THE DOLPHINS CRY

Lolita, on rye

—

CORRECT // *LOVE WILL LEAD US, ALRIGHT*

ALL OVER YOU

The sun beats the sky

—

CORRECT // *THE SUN, THE FIELDS, THE SKY*

ARTIST

I CAN'T LIVE WITHOUT MY RADIO

Throwin' rocks at my neighbors with the heavy bass

—

CORRECT // *TERRORIZING MY NEIGHBORS WITH THE HEAVY BASS*

ARTIST

LL COOL J

LUV U BETTER

This is for my newborn

—

CORRECT // *THIS IS FOR MY NUMBER ONE*

MAKE IT HOT

Goldilocks fowlin' up my naked wrists

—

CORRECT // *GOLDEN ROCKS FALLIN' OFF MY NECK AND WRISTS*

what if groups merged?

If two bands decide to combine, here's the new name we suggest they use.

↘ **FINGER STANK**

FINGER 11 & HOOBASTANK

↘ **CREAMED KORN**

CREAM & KORN

↘ **IRON BUTTERFLY WINGS**

IRON BUTTERFLY & WINGS

↘ **ANTHRAX SURVIVOR**

ANTHRAX & SURVIVOR

↘ **THE WHITE STRIPED BLACK EYED PEAS**

THE WHITE STRIPES & BLACK EYED PEAS

↘ **THE PINK PANTERA**

PINK & PANTERA

AREA CODES

I write prose in different area codes

—

CORRECT // *I GOT HO'S IN DIFFERENT AREA CODES*

ARTIST

LUDACRIS

ROLLOUT (MY BUSINESS)

I got my twin Glock baloney

—

CORRECT // *I GOT MY TWIN GLOCK .40'S*

WHAT'S YOUR FANTASY?

Roll around enjoy the ground

—

CORRECT // *ROLL AROUND GEORGIA BROWN*

ARTIST

MADONNA

—

BEAUTIFUL STRANGER

The odd devil in the skies

CORRECT // *YOU'RE THE DEVIL IN DISGUISE*

—

DIE ANOTHER DAY

I'm gonna kiss Sao Paulo

CORRECT // *I'M GONNA KISS SOME PART OF*

—

MUSIC

Music makes the boys wash sing and the devil

CORRECT // *MUSIC MAKES THE BOURGEOISIE AND THE REBEL*

—

BAD GIRL

Bad girl jumping sticks

CORRECT // *BAD GIRL DRUNK BY SIX*

—

DON'T TELL ME

Eric Clapton on his knees

CORRECT // *LIKE A CALF DOWN ON ITS KNEES*

—

RAY OF LIGHT

Is God herself a universe completely?

CORRECT // *SHE'S GOT HERSELF A UNIVERSE GONE QUICKLY*

bad choices for on-hold music

Songs you don't want to hear while waiting on hold for a particular business.

↘ **"BURNING HEART" BY SURVIVOR**

CARDIOLOGIST'S OFFICE

↘ **"WHY DON'T YOU GET A JOB?" BY OFFSPRING**

UNEMPLOYMENT INSURANCE

↘ **"BEEN CAUGHT STEALING" BY JANE'S ADDICTION**

SHOPLIFTERS ANONYMOUS

↘ **"57 CHANNELS (AND NOTHIN' ON)" BY BRUCE SPRINGSTEEN**

CABLE COMPANY

↘ **"PIECES OF ME" BY ASHLEE SIMPSON**

LEPER COLONY

MANIC STREET PREACHERS

SORROW 16

Cut your hair to the victim's man

CORRECT // *CUT YOUR HAIR IN FRONT OF BUSINESSMEN*

A DESIGN FOR LIFE

I design motorbikes

CORRECT // *A DESIGN FOR LIFE*

FASTER

Mad cows everywhere

CORRECT // *MAN KILLS EVERYTHING*

IF YOU TOLERATE THIS, YOUR CHILDREN WILL BE NEXT

If you tolerate this, then your children will be blessed

CORRECT // *IF YOU TOLERATE THIS, THEN YOUR CHILDREN WILL BE NEXT*

MOTORCYCLE EMPTINESS

Cut your socks downwards

CORRECT // *CULTURE SUCKS DOWN WORDS*

TSUNAMI

Toon army, toon army

CORRECT // *TSUNAMI, TSUNAMI*

Just like a cat food commercial

—

CORRECT // *JUST LIKE THE CALGON COMMERCIAL*

Sean Connery, this feeling's this strong

—

CORRECT // *TIME CAN'T ERASE A FEELING THIS STRONG*

I'm only Tommy Ray

—

CORRECT // *I WON'T LET TIME ERASE*

MARIAH CAREY

THE DOPE SHOW

We're all stars now, in the dog show

—

CORRECT // *WE'RE ALL STARS NOW, IN THE DOPE SHOW*

THE BEAUTIFUL PEOPLE

The meat of the meatball

—

CORRECT // *THE BEAUTIFUL PEOPLE*

ROCK IS DEAD

Sell us your sergeant stop bettering fakes

—

CORRECT // *SELL US ERSATZ DRESSED UP AND REAL FAKE*

ARTIST

MARILYN MANSON

Look for the girl with a Coke and a smile

—

CORRECT // *LOOK FOR THE GIRL WITH A BROKEN SMILE*

MAROON 5

You dream you're dyin', make me wonder why I'm even here

—

CORRECT // *YOU DRAIN ME DRY AND MAKE ME WONDER WHY I'M EVEN HERE*

This love has taken its toe, oh me

—

CORRECT // *THIS LOVE HAS TAKEN ITS TOLL ON ME*

song mash ups

Remix artists are constantly combining songs in new and exciting ways. Here are some proposed titles for combinations they might try.

↘ INTO THE GREAT WIDE OPEN SPACES

"INTO THE GREAT WIDE OPEN" BY TOM PETTY & THE HEART-BREAKERS & "WIDE OPEN SPACES" BY THE DIXIE CHICKS

↘ EVERY DAY IS LIKE PLEASANT VALLEY SUNDAY

"EVERY DAY IS LIKE SUNDAY" BY MORRISSEY & "PLEASANT VAL-LEY SUNDAY" BY THE MONKEES

↘ YOU MAKE ME FEEL LIKE DANCING ON THE CEILING

"YOU MAKE ME FEEL LIKE DANCING" BY LEO SAYER & "DANCING ON THE CEILING" BY LIONEL RICHIE

↘ LIFE IS A HIGHWAY TO HELL

"LIFE IS A HIGHWAY" BY TOM COCHRANE & "HIGHWAY TO HELL" BY AC/DC

↘ WORKING LIKE A CANARY IN A COAL MINE

"WORKING IN A COAL MINE" BY DEVO & "CANARY IN A COAL MINE" BY THE POLICE

↘ I DROVE ALL NIGHT FROM RUSSIA WITH LOVE

"I DROVE ALL NIGHT" BY CELINE DION & "FROM RUSSIA WITH LOVE" BY MATT MUNRO

Soldiers dance for me

—

CORRECT // *SO JUST DANCE FOR ME*

My whole world stops, sundown

—

CORRECT // *MY WHOLE WORLD'S UPSIDE DOWN*

In this dancery

—

CORRECT // *AND JUST DANCE FOR ME*

MARY J. BLIGE

UNWELL

I'm not crazy, I'm just a little bit mad

CORRECT // *I'M NOT CRAZY, I'M JUST A LITTLE IMPAIRED*

ARTIST

MATCHBOX 20

REAL WORLD

Freedom, what did you hope to learn about her?

CORRECT // *STRAIGHT UP, WHAT DID YOU HOPE TO LEARN ABOUT HERE*

PUSH

I wanna take all your granite

CORRECT // *I WANNA TAKE YOU FOR GRANTED*

what if groups merged?

If two bands decide to combine, here's the new name we suggest they use.

↘ **BJÖRK YORKE**

BJÖRK & THOM YORKE

↘ **CREEDENCE CRYSTAL CLEAR WATERS REVIVAL**

CREEDENCE CLEARWATER REVIVAL & CRYSTAL WATERS

↘ **FIVE FOR FOO FIGHTING**

FIVE FOR FIGHTING & FOO FIGHTERS

↘ **JARS OF CLAY AIKEN**

JARS OF CLAY & CLAY AIKEN

↘ **QUEEN OF HEARTS**

QUEEN & HEART

↘ **THEY MIGHT BE GIANT BARENAKED LADIES**

THEY MIGHT BE GIANTS & BARENAKED LADIES

DON'T TREAD ON ME

Soviet. Friends no more

CORRECT // *SO BE IT. THREATEN NO MORE*

ENTER SANDMAN

It's Judas Priest under your bed

CORRECT // *IT'S JUST THE BEAST UNDER YOUR BED*

FOR WHOM THE BELL TOLLS

Naked fight on the hill

CORRECT // *MAKE HIS FIGHT ON THE HILL*

MASTER OF PUPPETS

You commie bastards, obey your master

CORRECT // *COME CRAWLING FASTER, OBEY YOUR MASTER*

SAD BUT TRUE

Sacred troll

CORRECT // *SAD BUT TRUE*

WHISKEY IN THE JAR

Risqué in the gyro

CORRECT // *WHISKEY IN THE JAR-O*

At the body shop and some auto parts

—

CORRECT // *AT THE BODYSHOP AND THE MARBLE ARCH*

Could be the Wookie 'n the school bookstore

—

CORRECT // *PUT ME TO WORK IN THE SCHOOL BOOKSTORE*

Kids down the hall

—

CORRECT // *KICKSTART MY HEART*

Lions alma maters

—

CORRECT // *LIARS AND THE MARTYRS*

ARTIST

MÖTLEY CRÜE

Things are better in Box A

—

CORRECT // *THINGS ARE BETTER IF I STAY*

MY CHEMICAL ROMANCE

TO THE END

She wants a mansion and a house for her broom

—

CORRECT // *HE CALLS THE MANSION NOT A HOUSE, BUT A TOMB*

YOU KNOW WHAT THEY DO TO GUYS LIKE US IN PRISON

Like a bullet through a flock of gloves

—

CORRECT // *LIKE A BULLET THROUGH A FLOCK OF DOVES*

NELLY

AIR FORCE ONES

Get me troopers, I need troopers

CORRECT // *GET ME TWO PAIRS, I NEED TWO PAIRS*

BATTER UP

I'm stealing Sega

CORRECT // *I'M STEALIN' SECOND*

(HOT S**T) COUNTRY GRAMMAR

No sweeter than a raincoat

CORRECT // *YO STREET IN A RANGE ROVER*

DILEMMA

Even when I'm in Naboo

CORRECT // *EVEN WHEN I'M WITH MY BOO*

HOT IN HERE

Girl, I think my butt can bend

CORRECT // *GIRL, I THINK MY BUTT GETTIN' BIG*

RIDE WIT ME

Hey, housekeepin' money

CORRECT // *HEY, MUST BE THE MONEY*

add a letter to a song title

We think these songs would be better if the performer added a single letter to the title.

↘ **STONED IN LOVE**

   "STONE IN LOVE" BY JOURNEY

↘ **BOOTY SCOOTIN' BOOGIE**

   "BOOT SCOOTIN' BOOGIE"
   BY BROOKS & DUNN

↘ **MONKEY FOR NOTHING**

   "MONEY FOR NOTHING"
   BY DIRE STRAITS

↘ **SAD STATURE**

   "SAD STATUE"
   BY SYSTEM OF A DOWN

↘ **YOUR LIPS ARE SEALED**

   "OUR LIPS ARE SEALED"
   BY THE GO-GO'S

↘ **FRIENDS IN SLOW PLACES**

   "FRIENDS IN LOW PLACES"
   BY GARTH BROOKS

↘ **SUPPERFREAK**

   "SUPER FREAK" BY RICK JAMES

NELLY FURTADO

FORCA
Come home, Nino, like a matador
CORRECT // *COM UMA FOME QUE NINGUEM PODE MATAR*

FRESH OFF THE BOAT
Fred shot the Pope
CORRECT // *FRESH OFF THE BOAT*

I'M LIKE A BIRD
You're beautiful, mashed potato
CORRECT // *YOU'RE BEAUTIFUL, THAT'S FOR SURE*

ON THE RADIO
But underneath I think it's a lot of urine
CORRECT // *BUT UNDERNEATH I THINK IT'S A LOT OF YEARNING*

PARTY'S JUST BEGUN
God is a victim
CORRECT // *PARTY'S JUST BEGUN*

TURN OFF THE LIGHT
Dancin' naked inside my head
CORRECT // *THERE'S AN ACHIN' INSIDE MY HEAD*

ARTIST

NICKELBACK

FIGURED YOU OUT

I like the wine stains on your breast

CORRECT // *I LIKE THE WHITE STAINS ON YOUR DRESS*

HERO

They're washing us, washing us

CORRECT // *THEY'RE WATCHING US, WATCHING US*

HOW YOU REMIND ME

I'm sick inside without a sense of feeling

CORRECT // *I'M SICK OF SIGHT WITHOUT A SENSE OF FEELING*

PHOTOGRAPH

I got a photo that was printed on my bedroom floor

CORRECT // *I GOT THE PHOTO ALBUM SPREAD OUT ON MY BEDROOM FLOOR*

TOO BAD

All the sands of life are dirt

CORRECT // *FATHER'S HANDS WERE LINED WITH DIRT*

change a letter in a song title

We think these songs would be better if the performer changed a single letter of the title.

↘ **ONE THONG LEADS TO ANOTHER**

"ONE THING LEADS TO ANOTHER" BY THE FIXX

↘ **JACK & DUANE**

"JACK & DIANE" BY JOHN MELLENCAMP

↘ **I'D LIKE A BIRD**

"I'M LIKE A BIRD" BY NELLY FURTADO

↘ **UNDER THE FRIDGE**

"UNDER THE BRIDGE" BY RED HOT CHILI PEPPERS

↘ **WAKE ME UP BEFORE YOU GO HO**

"WAKE ME UP BEFORE YOU GO-GO" BY WHAM!

↘ **LOOK WHAT THEY'VE DONE TO MY BONG, MA**

"LOOK WHAT THEY'VE DONE TO MY SONG, MA" BY THE NEW SEEKERS

NINE INCH NAILS

CLOSER

You make me breakfast

CORRECT // *YOU MAKE ME PERFECT*

DOWN IN IT

I was up a bunny

CORRECT // *I WAS UP ABOVE IT*

HEAD LIKE A HOLE

Bark like a troll

CORRECT // *BLACK AS YOUR SOUL*

HURT

What have I done, my Swedish friend?

CORRECT // *WHAT HAVE I BECOME, MY SWEETEST FRIEND?*

ONLY

I just beat you up to hurt myself

CORRECT // *I JUST MADE YOU UP TO HURT MYSELF*

TERRIBLE LIE

Heroin lies

CORRECT // *TERRIBLE LIE*

NIRVANA

ANEURYSM

Come on ogre and do the twist

CORRECT // *COME ON OVER AND DO THE TWIST*

COME AS YOU ARE

I swear that I don't have a job

CORRECT // *I SWEAR THAT I DON'T HAVE A GUN*

HEART-SHAPED BOX

She asked me like a Fascist when I awaked

CORRECT // *SHE EYES ME LIKE A PISCES WHEN I AM WEAK*

IN BLOOM

Syracuse is a fool

CORRECT // *SELL THE KIDS FOR FOOD*

ON A PLAIN

Was when I learned to cry on a man

CORRECT // *WAS WHEN I LEARNED TO CRY ON COMMAND*

SMELLS LIKE TEEN SPIRIT

Here we are now, mashed potatoes

CORRECT // *HERE WE ARE NOW, ENTERTAIN US*

Don't tell me, Cousin Kurt

—

CORRECT // *DON'T TELL ME 'CAUSE IT HURTS*

I scream of moon dolls

—

CORRECT // *I SCREEN MY PHONE CALLS*

Go on and do it with another ex-girlfriend

—

CORRECT // *I KINDA ALWAYS KNEW I'D END UP YOUR EX-GIRLFRIEND*

Take this big chicken off my eye

—

CORRECT // *TAKE THIS PINK RIBBON OFF MY EYES*

ARTIST

NO DOUBT

COME AWAY WITH ME

Come away with me, Honeyputz

—

CORRECT // COME AWAY WITH ME, ON A BUS

DON'T KNOW WHY

But I'll be a vagabond

—

CORRECT // BUT I'LL BE A BAG OF BONES

COLD COLD HEART

Why can't I be formaldehyde?

—

CORRECT // WHY CAN'T I FREE YOUR DOUBTFUL MIND?

ARTIST

NORAH JONES

remove a letter from a song title

We think these songs would be better if the performer removed a single letter of the title.

↘ **BLACK IS BACK**

"BLACK IS BLACK"
BY LOS BRAVOS

↘ **I'M STILL SANDING**

"I'M STILL STANDING"
BY ELTON JOHN

↘ **FRIDA ON MY MIND**

"FRIDAY ON MY MIND"
BY THE EASYBEATS

↘ **THAT'S AL**

"THAT'S ALL" BY GENESIS

↘ **SEVEN EAR ACHE**

"SEVEN YEAR ACHE"
BY ROSANNE CASH

↘ **I MUST BE HIM**

"IT MUST BE HIM"
BY VIKKI CARR

I love it when you feed me fresh pasta

—

CORRECT // *I LOVE IT WHEN YOU CALL ME BIG POPPA*

HYPNOTIZE

All silly ho's know what's with Skee-Lo

—

CORRECT // *ALL PHILLY HO'S, DOUGH, AND MOSCHINO*

MO MONEY MO PROBLEMS

I run from no one, they walk from me

—

CORRECT // *I DON'T KNOW WHAT THEY WANT FROM ME*

ARTIST

NOTORIOUS B.I.G.

BYE, BYE, BYE

Leave him naked alone

CORRECT // *LIKE AND MAKE IT ALONE*

JUST GOT PAID

Sweet like sunlight

CORRECT // *SWEET EYE DELIGHT*

UP AGAINST THE WALL

She turned around and she burped in the worst way

CORRECT // *SHE TURNED AROUND AND SHE WORKED IN THE WORST WAY*

POP

Chicken, tired of hearing all these people talk about

CORRECT // *SICK AND TIRED OF HEARING ALL THESE PEOPLE TALK ABOUT*

DON'T WANT YOU BACK

You hit me faster than a shopping shack

CORRECT // *YOU HIT ME FASTER THAN A SHARK ATTACK*

what if groups merged?

If two bands decide to combine, here's the new name we suggest they use.

↘ **TINA TURNER OVERDRIVE**

TINA TURNER & BACHMAN-TURNER OVERDRIVE

↘ **RAGE AGAINST THE MIAMI SOUND MACHINE**

RAGE AGAINST THE MACHINE & MIAMI SOUND MACHINE

↘ **CASH AND CAREY**

JOHNNY CASH & MARIAH CAREY

↘ **GENETALLICA**

GENESIS & METALLICA

↘ **DESTINY'S OUTKAST CHILD**

DESTINY'S CHILD & OUTKAST

↘ **BLOOD, SWEAT & TEARS FOR FEARS**

BLOOD, SWEAT & TEARS & TEARS FOR FEARS

DON'T LOOK BACK IN ANGER

So pelican way

—

CORRECT // *SO SALLY CAN WAIT*

SUPERSONIC

Sanitary issue

—

CORRECT // *SELLING THE BIG ISSUE*

CHAMPAGNE SUPERNOVA

A suped up Chevy Nova with some guy

—

CORRECT // *A CHAMPAGNE SUPERNOVA IN THE SKY*

WONDERWALL

And I felt raw, you're my wonderwall

—

CORRECT // *AND AFTER ALL, YOU'RE MY WONDERWALL*

ARTIST

SHY GIRL

A mind made out of water

—

CORRECT // *A MERMAID OUT OF WATER*

ARTIST

O-TOWN

ALL OR NOTHING

As Sharon, this relationship gets older, older

—

CORRECT // *AS SHARING THIS RELATIONSHIP GETS OLDER, OLDER*

LIQUID DREAMS

And tell my heart to resurrect

—

CORRECT // *AND SALMA HAYEK BRINGS THE REST*

—
B.O.B. (BOMBS OVER BAGHDAD)

Pop loves music, big airships, and Milo

CORRECT // *POWER MUSIC, ELECTRIC REVIVAL*

—
HEY YA!

Shake it like a corduroy preacher

CORRECT // *SHAKE IT LIKE A POLAROID PICTURE*

—
MS. JACKSON

I apologize and tributize

CORRECT // *I APOLOGIZE A TRILLION TIMES*

—
ROSA PARKS

Ah-ha, push that bus

CORRECT // *AH-HA, HUSH THAT FUSS*

—
ROSES

Camera lights

CORRECT // *CAROLINE*

OUTKAST

Pocket the mole!

—

CORRECT // *BARK AT THE MOON!*

No more beers

—

CORRECT // *NO MORE TEARS*

I'm going after elves on a crazy train

—

CORRECT // *I'M GOING OFF THE RAILS ON A CRAZY TRAIN*

The rest of the Navy now

—

CORRECT // *UNDERESTIMATE ME NOW*

ARTIST

OZZY OSBOURNE

bad choices for on-hold music

Songs you don't want to hear while waiting on hold for a particular business.

↘ **"IT DOESN'T REMIND ME" BY AUDIOSLAVE**

INSTITUTE FOR AMNESIA RECOVERY

↘ **"POUR SOME SUGAR ON ME" BY DEF LEPPARD**

DIABETES ASSOCIATION

↘ **"CHEESEBURGER IN PARADISE" BY JIMMY BUFFETT**

WEIGHT WATCHERS

↘ **"HEART ATTACK" BY OLIVIA NEWTON-JOHN**

CARDIOLOGIST'S OFFICE

↘ **"FLOOD" BY TOOL**

FEMA

ARTIST

PEARL JAM

ALIVE

Home alone in ecstasy

CORRECT // *HOME ALONE AT AGE 13*

BETTER MAN

Can't find the Vedder man

CORRECT // *CAN'T FIND A BETTER MAN*

EVEN FLOW

Mozzarella butterflies

CORRECT // *THOUGHTS ARRIVE LIKE BUTTERFLIES*

GLORIFIED G

You're five birds and I'm a pelican

CORRECT // *GLORIFIED VERSION OF A PELLET GUN*

JEREMY

Jeremy smokin' grass today

CORRECT // *JEREMY SPOKE IN CLASS TODAY*

YELLOW LEDBETTER

On a wizard on a whale

CORRECT // *I WANNA WISH IT ALL AWAY*

DON'T LET ME GET ME

Damn bridge knee spares

—

CORRECT // *DAMN BRITNEY SPEARS*

JUST LIKE A PILL

To the middle of my front seat fears

—

CORRECT // *TO THE MIDDLE OF MY FRUSTRATED FEARS*

GET THE PARTY STARTED

I've got a knife, so you better get this party started

—

CORRECT // *I'M COMING UP, SO YOU BETTER GET THIS PARTY STARTED*

YOU MAKE ME SICK

Go make love with a candlestick

—

CORRECT // *GOT ME LIT LIKE A CANDLESTICK*

ARTIST
PINK

Put money in your Idaho

CORRECT // *PUT MONEY IN YOUR IDLE HOLE*

PJ HARVEY

THIS IS LOVE

When I just wanna sit here and watch you address

CORRECT // *WHEN I JUST WANNA SIT HERE AND WATCH YOU UNDRESS*

50FT QUEENIE

50 foot teeny

CORRECT // *50 FOOT QUEENIE*

song mash ups

Remix artists are constantly combining songs in new and exciting ways. Here are some proposed titles for combinations they might try.

↘ **DIRTY LAUNDRY, LOOKS LIKE WE MADE IT**

"DIRTY LAUNDRY" BY DON HENLEY & "LOOKS LIKE WE MADE IT" BY BARRY MANILOW

↘ **RUNNING AWAY FROM THE SUN**

"RUNNING AWAY" BY HOOBASTANK & "AWAY FROM THE SUN" BY 3 DOORS DOWN

↘ **YOU CAN SLEEP WHILE I DRIVE MYSELF CRAZY**

"YOU CAN SLEEP WHILE I DRIVE" BY TRISHA YEARWOOD & "I DRIVE MYSELF CRAZY" BY *NSYNC

↘ **HANGING BY THE HEAT OF THE MOMENT**

"HANGING BY A MOMENT" BY LIFEHOUSE & "THE HEAT OF THE MOMENT" BY ASIA

↘ **FAKE PLASTIC LEMON TREES**

"FAKE PLASTIC TREES" BY RADIOHEAD & "LEMON TREE" BY TRINI LOPEZ

↘ **GONE AWAY SO FAR AWAY**

"GONE AWAY" BY COLD & "SO FAR AWAY" BY STAIND

BACK ON THE CHAIN GANG

Now I'm back on the train, yeah

—

CORRECT // *NOW I'M BACK ON THE CHAIN GANG*

BRASS IN POCKET (I'M SPECIAL)

Got a muskat, so real

—

CORRECT // *GOT A NEW SKANK, SO REET*

MIDDLE OF THE ROAD

I'm standing in the middle of life with my pants behind me

—

CORRECT // *I'M STANDING IN THE MIDDLE OF LIFE WITH MY PLANS BEHIND ME*

ARTIST

THE PRETENDERS

KISS

I'm on the pack of the wheel

CORRECT // *I'M MORE COMPATIBLE WITH*

LITTLE RED CORVETTE

Pay the rent, Collette

CORRECT // *LITTLE RED CORVETTE*

RASPBERRY BERET

Flash material vase

CORRECT // *RASPBERRY BERET*

WHEN DOVES CRY

Maybe, I dress like my mother

CORRECT // *MAYBE, YOU'RE JUST LIKE MY MOTHER*

1999

Party lackin' over dough

CORRECT // *DON'T BOTHER KNOCKING ON MY DOOR*

songs to respond to other songs

Pop music has a long history of songs that were recorded in response to other songs. The following songs weren't recorded in response to another song, but based on the song titles, we think they could have been.

↘ "BURNING DOWN THE HOUSE" BY TALKING HEADS

"I WAS IN THE HOUSE WHEN THE HOUSE BURNED DOWN" BY WARREN ZEVON

↘ "WORLD SHUT YOUR MOUTH" BY JULIAN COPE

"ENJOY THE SILENCE" BY DEPECHE MODE

↘ "THAT WAS YESTERDAY" BY FOREIGNER

"THIS IS TOMORROW" BY BRYAN FERRY

↘ "I'M NOT A GIRL, NOT YET A WOMAN" BY BRITNEY SPEARS

"GIRL, YOU'LL BE A WOMAN SOON" BY NEIL DIAMOND

Loosen up my buns, baby

CORRECT // *LOOSEN UP MY BUTTONS, BABY*

Don't cha wish your girlfriend was free like me?

CORRECT // *DON'T CHA WISH YOUR GIRLFRIEND WAS A FREAK LIKE ME?*

Nobody's going to bathe me better, I must stink with you forever

CORRECT // *NOBODY'S GOING TO LOVE ME BETTER, I MUST STICK WITH YOU FOREVER*

THE PUSSYCAT DOLLS

RADIOHEAD

CREEP

When you're on the floor, can't look you in the eye

CORRECT // *WHEN YOU WERE HERE BEFORE, COULDN'T LOOK YOU IN THE EYE*

EVERYTHING IN THE RIGHT PLACE

There are two curlers in my hair

CORRECT // *THERE ARE TWO COLORS IN MY HEAD*

FAKE PLASTIC TREES

He used to do surgery, for girls in the A-Team

CORRECT // *HE USED TO DO SURGERY, FOR GIRLS IN THE EIGHTIES*

KARMA POLICE

Call the police

CORRECT // *KARMA POLICE*

PARANOID ANDROID

Elvis's children

CORRECT // *GOD LOVES HIS CHILDREN*

With a redneck case of funk

—

CORRECT // *WE'RE THE RENEGADES OF FUNK*

Kill him with the paintball

—

CORRECT // *KILLING IN THE NAME OF*

Lights out! Turn on the radio

—

CORRECT // *LIGHTS OUT! GUERILLA RADIO*

Runnin' 'round the family, with a flock of Polish elves

—

CORRECT // *THEY RALLY 'ROUND THE FAMILY, WITH A POCKET FULL OF SHELLS*

ARTIST

RAGE AGAINST THE MACHINE

RED HOT CHILI PEPPERS

AEROPLANE

I like red spiders with cream

CORRECT // *I LIKE PLEASURE SPIKED WITH PAIN*

BREAKING THE GIRL

She was a girl, so full of strange

CORRECT // *SHE WAS A GIRL, SOFT BUT ESTRANGED*

BY THE WAY

Ten little girls are singing songs to me

CORRECT // *DANI THE GIRL IS SINGING SONGS TO ME*

CALIFORNICATION

First born due to Korn

CORRECT // *FIRST BORN UNICORN*

DANI CALIFORNIA

Californians live in trees, with the stadium disease

CORRECT // *CALIFORNIA, REST IN PEACE, SIMULTANEOUS RELEASE*

SCAR TISSUE

With both eyes shut it's a lonely view

CORRECT // *WITH THE BIRDS I SHARE THIS LONELY VIEW*

add a letter to a song title

We think these songs would be better if the performer added a single letter to the title.

↘ **THE TREASON**

   "THE REASON" BY HOOBASTANK

↘ **DUNST IN THE WIND**

   "DUST IN THE WIND" BY KANSAS

↘ **BAD WOMEN**

   "BAD OMEN" BY MEGADETH

↘ **I WAS MADE TO LOVE CHER**

   "I WAS MADE TO LOVE HER"
   BY STEVIE WONDER

↘ **DIRTY WAITER**

   "DIRTY WATER"
   BY THE STANDELLS

↘ **IF I CAN'T SHAVE YOU**

   "IF I CAN'T HAVE YOU"
   BY YVONNE ELLIMAN

↘ **ON THE BROAD AGAIN**

   "ON THE ROAD AGAIN"
   BY WILLIE NELSON

change a letter in a song title

We think these songs would be better if the performer changed a single letter of the title.

↘ **SEX AND RANDY**

"SEX AND CANDY"
BY MARCY PLAYGROUND

↘ **WHY DON'T YOU COMB OVER?**

"WHY DON'T YOU
COME OVER" BY GARBAGE

↘ **GOAT OF MANY COLORS**

"COAT OF MANY COLORS"
BY DOLLY PARTON

↘ **LOVE SNACK**

"LOVE SHACK"
BY THE B-52'S

↘ **THINGS I'LL NEVER PAY**

"THINGS I'LL NEVER SAY"
BY AVRIL LAVIGNE

↘ **MEDICARE**

"MEDICATE"
BY BREAKING BENJAMIN

EVERYBODY HURTS

Buddy hoots

CORRECT // *EVERYBODY HURTS*

LOSING MY RELIGION

Lou, zing my religion

CORRECT // *LOSING MY RELIGION*

MAN ON THE MOON

Bought the limo in the game of Life

CORRECT // *MOTT THE HOOPLE AND THE GAME OF LIFE*

THE ONE I LOVE

A simple bra to occupy my mind

CORRECT // *A SIMPLE PROP TO OCCUPY MY TIME*

WHAT'S THE FREQUENCY, KENNETH

Is your Benz a dream, uh huh

CORRECT // *IS YOUR BENZEDRINE, UH HUH*

UNFAITHFUL

I don't wanna be a motorbike

—

CORRECT // *I DON'T WANNA BE A MURDERER*

ARTIST

RIHANNA

PON DE REPLAY

Shake it to the music of the sun

—

CORRECT // *SHAKE IT 'TIL THE MOON BECOMES THE SUN*

SOS

Yes, it's a lesson, it's unfair you stole my vanity

—

CORRECT // *YES, IT'S A LESSON AND IT'S BASED ON MY VANITY*

remove a letter from a song title

We think these songs would be better if the performer removed a single letter of the title.

↘ **LEAVE MY MONEY ALONE**

"LEAVE MY MONKEY ALONE"
BY WARREN ZEVON

↘ **I'VE GOT YOU UNDER MY SKI**

"I'VE GOT YOU UNDER MY SKIN" BY THE FOUR SEASONS

↘ **WISH YOU WERE HER**

"WISH YOU WERE HERE"
BY PINK FLOYD

↘ **THE LADY IS A TRAP**

"THE LADY IS A TRAMP"
BY FRANK SINATRA

↘ **SALT IN MY EARS**

"SALT IN MY TEARS"
BY MARTIN BRILEY

↘ **I CAN DRIVE 55**

"I CAN'T DRIVE 55"
BY SAMMY HAGAR

I BELIEVE I CAN FLY

Abby, leave Ike and touch this guy

—

CORRECT // *I BELIEVE I CAN TOUCH THE SKY*

R. KELLY

IGNITION (REMIX)

I'm like sober and drunk

—

CORRECT // *I'M LIKE, SO WHAT, I'M DRUNK*

HEART OF A WOMAN

Rap for lady

—

CORRECT // *GRAB YOUR LADY*

Shamu! Shamu!

CORRECT // *CH'MON! CH'MON!*

I DON'T FEEL LIKE DANCIN'

Maybe I could muster up a little soft shoop, devil sway

CORRECT // *MAYBE I COULD MUSTER UP A LITTLE SOFT SHOE, GENTLE SWAY*

TAKE YOUR MAMA OUT

Because the dance, it don't mind if you're new or aged

CORRECT // *BECAUSE THE DANCERS DON'T MIND AT THE NEW ORLEANS*

ARTIST

SCISSOR SISTERS

what if groups merged?

If two bands decide to combine, here's the new name we suggest they use.

↘ **BREAD AND JAM**

BREAD & THE JAM

↘ **DEVOCEAN**

DEVO & OCEAN

↘ **GOLD NINE INCH FINGERNAILS**

GOLDFINGER & NINE INCH NAILS

↘ **T'PAU WOW WOW**

T'PAU & BOW WOW WOW

↘ **ROTTEN BANANAS**

JOHNNY ROTTEN & BANANARAMA

↘ **RATT POISON**

RATT & POISON

Pizza good girl turn me on

CORRECT // *IT'S ALL GOOD GIRL TURN ME ON*

Jus gimme the line and pass the joint

CORRECT // *JUS GIMME THE LIGHT AND PASS THE DRO*

Thunderbrawl

CORRECT // *SEAN-A-PAUL*

It's a boombastic semi-elastic

—

CORRECT // *MR. BOOMBASTIC SAY ME FANTASTIC*

ARTIST

—
ANGEL

Girl you're my friend when I'm wit' weed

—

CORRECT // *GIRL YOU'RE MY FRIEND WHEN I'M IN NEED*

—
IT WASN'T ME

How could I forget that I had given her an ecstasy

—

CORRECT // *HOW COULD I FORGET THAT I HAD GIVEN HER AN EXTRA KEY*

—
DON'T BOTHER

She must think I'm a freak

CORRECT // *SHE MUST THINK I'M A FLEA*

—
HIPS DON'T LIE

She makes a man want to see spandex

CORRECT // *SHE MAKES A MAN WANT TO SPEAK SPANISH*

—
OBJECTION (TANGO)

I'm farting in your hands again

CORRECT // *I'M FALLING APART IN YOUR HANDS AGAIN*

—
UNDERNEATH YOUR CLOTHES

I don't need your clothes

CORRECT // *UNDERNEATH YOUR CLOTHES*

—
WHENEVER, WHEREVER

And that's the Dilma tea

CORRECT // *AND THAT'S THE DEAL, MY DEAR*

I'M GONNA GETCHA GOOD!

By the time I'm psycho, you'll never say "no"

—

CORRECT // *BY THE TIME I SAY "GO," YOU'LL NEVER SAY "NO"*

MAN! I FEEL LIKE A WOMAN!

Mandy! I'm a woman!

—

CORRECT // *MAN! I FEEL LIKE A WOMAN!*

THAT DON'T IMPRESS ME MUCH

I can't believe you kiss your carving knife

—

CORRECT // *I CAN'T BELIEVE YOU KISS YOUR CAR GOOD NIGHT*

WHOSE BED HAVE YOUR BOOTS BEEN UNDER?

Boobs bent, have your boobs bent under

—

CORRECT // *WHOSE BED HAVE YOUR BOOTS BEEN UNDER?*

ARTIST

SHANIA TWAIN

bad choices for on-hold music

Songs you don't want to hear while waiting on hold for a particular business.

↘ **"BEAUTIFUL DAY" BY U2**

SEVERE WEATHER HOTLINE

↘ **"CAN'T GET THERE FROM HERE" BY R.E.M.**

TRAVEL AGENCY

↘ **"ENJOY THE SILENCE" BY DEPECHE MODE**

NATIONAL ASSOCIATION OF THE DEAF

↘ **"BEAUTIFUL DISASTER" BY KELLY CLARKSON**

CARNIVAL CRUISE LINES

↘ **"BLAME IT ON THE WEATHERMAN" BY B*WITCHED**

NATIONAL WEATHER SERVICE

SHERYL CROW

ALL I WANNA DO

Until the sun comes up on the ceremony cup of the fun

CORRECT // *UNTIL THE SUN COMES UP OVER SANTA MONICA BOULEVARD*

EVERY DAY IS A WINDING ROAD

Every day is infanticide

CORRECT // *EVERY DAY IS A FADED SIGN*

IF IT MAKES YOU HAPPY

Put on a porn show

CORRECT // *PUT ON A PONCHO*

MY FAVORITE MISTAKE

I woke up in goth this morning

CORRECT // *I WOKE UP AND CALLED THIS MORNING*

SOAK UP THE SUN

I've got a Commie job

CORRECT // *I'VE GOT A CRUMMY JOB*

STEVE MCQUEEN

Godspeed the Queen

CORRECT // *LIKE STEVE MCQUEEN*

PURE MASSACRE

Use MasterCard

—

CORRECT // *PURE MASSACRE*

ARTIST

SILVERCHAIR

ANTHEM FOR THE YEAR 2000

We'll take your fashions on the way

—

CORRECT // *WE'LL TAKE YOUR FASCISM AWAY*

TOMORROW

It's twelve o'clock and it's too dull for rain

—

CORRECT // *IT'S TWELVE O'CLOCK AND IT'S A WONDERFUL DAY*

GOD MUST HATE ME

Grandma hates me

—

CORRECT // *GOD MUST HATE ME*

I'D DO ANYTHING

Will, you're the man for me

—

CORRECT // *WILL YOU REMEMBER ME*

THE WORST DAY EVER

On Molly's painting

—

CORRECT // *I'M ALWAYS SPENDING*

ARTIST

song mash ups

Remix artists are constantly combining songs in new and exciting ways. Here are some proposed titles for combinations they might try.

↘ **BLOODY SUNDAY, BLUE MONDAY**

"SUNDAY BLOODY SUNDAY" BY U2 & "BLUE MONDAY" BY NEW ORDER

↘ **KILLING PRIDE IN THE NAME OF LOVE**

"KILLING IN THE NAME" BY RAGE AGAINST THE MACHINE & "PRIDE (IN THE NAME OF LOVE)" BY U2

↘ **BREAKING THE GIRL HABIT**

"BREAKING THE GIRL" BY RED HOT CHILI PEPPERS & "BREAKING THE HABIT" BY LINKIN PARK

↘ **IN-A-GADDA-DA-VIDA-LOCA**

"IN-A-GADDA-DA-VIDA" BY IRON BUTTERFLY & "LIVIN' LA VIDA LOCA" BY RICKY MARTIN

↘ **GOODBYE MELLOW YELLOW BRICK ROAD**

"GOODBYE YELLOW BRICK ROAD" BY ELTON JOHN & "MELLOW YELLOW" BY DONOVAN

↘ **MANEATER ON THE MOON**

"MANEATER" BY DARYL HALL AND JOHN OATES & "MAN ON THE MOON" BY R.E.M.

Despite all my rage I'm still just ready to cave

—

CORRECT // *DESPITE ALL MY RAGE I'M STILL JUST A RAT IN A CAGE*

The fashion victims to the troubled teens

—

CORRECT // *THE FASHION VICTIMS CHEW THEIR CHARCOAL TEETH*

Today is the greatest day that I have available

—

CORRECT // *TODAY IS THE GREATEST DAY THAT I HAVE EVER REALLY KNOWN*

Shaft died, 1979

—

CORRECT // *SHAKEDOWN, 1979*

ARTIST

THE SMASHING PUMPKINS

Naked lasts forever

—

CORRECT // *MAKE IT LAST FOREVER*

SPICE GIRLS

Before the painters interfere

—

CORRECT // *BEFORE THE PAIN TURNS INTO FEAR*

Itchy can dance

—

CORRECT // *IF YOU CAN'T DANCE*

songs to respond to other songs

Pop music has a long history of songs that were recorded in response to other songs. The following songs weren't recorded in response to another song, but based on the song titles, we think they could have been.

↘ **"I WANT YOU TO WANT ME"**
BY CHEAP TRICK

"YOU CAN'T ALWAYS
GET WHAT YOU WANT"
BY THE ROLLING STONES

↘ **"WAKE ME UP WHEN**
SEPTEMBER ENDS"
BY GREEN DAY

"NOVEMBER HAS COME"
BY GORILLAZ

↘ **"THAT SMELL"**
BY LYNYRD SKYNYRD

"LOVE STINKS"
BY J. GEILS BAND

↘ **"WHO'S YOUR DADDY?"**
BY TOBY KEITH

"I DON'T KNOW"
BY USHER

I scratch myself behind my knee

—

CORRECT // *I'VE STRETCHED MYSELF BEYOND MY MEANS*

STAIND

EPIPHANY

I know I'll do the right thing if the right thing isn't veal

—

CORRECT // *I KNOW I'LL DO THE RIGHT THING IF THE RIGHT THING IS REVEALED*

MUDSHOVEL

You can't feed my Mormon

—

CORRECT // *YOU CAN'T FEEL MY TORMENT*

Then she tells me I'm a queer

—

CORRECT // *THEN SHE TELLS ME I'M A CREEP*

Where's the salmon loaf?

—

CORRECT // *WILL SHE SMELL ALONE*

Feeling like a ham and mustard shake

—

CORRECT // *FEELING LIKE A HAND IN RUSTED SHAME*

I got this phoenix comin' over me

—

CORRECT // *I GOT THIS THING IT'S COMIN' OVER ME*

ARTIST

STONE TEMPLE PILOTS

Every morning there's a halo hangin' from the corner of my girlfriend's foreclosed bed

CORRECT // *EVERY MORNING THERE'S A HALO HANGIN' FROM THE CORNER OF MY GIRLFRIEND'S FOUR-POST BED*

SUGAR RAY

FLY

25 years old, my mother's got breasts this old

CORRECT // *25 YEARS OLD, MY MOTHER, GOD REST HER SOUL*

SOMEDAY

I go to sleep and you reach for me

CORRECT // *I GO TO LEAVE AND YOU REACH FOR ME*

FAT LIP

Storming through the party like my name is Aaliyah

—

CORRECT // *STORMING THROUGH THE PARTY LIKE MY NAME IS EL NIÑO*

ARTIST

IN TOO DEEP

And I'm counting sheep

—

CORRECT // *AND I'M TRYING TO KEEP*

STILL WAITING

Win a war that can't be won

—

CORRECT // *WE'RE IN A WAR THAT CAN'T BE WON*

add a letter to a song title

We think these songs would be better if the performer added a single letter to the title.

↘ **CARB**

"CAB" BY TRAIN

↘ **HELP ME, I JAM IN HELL**

"HELP ME, I AM IN HELL"
BY NINE INCH NAILS

↘ **ANY MOAN OF MINE**

"ANY MAN OF MINE"
BY SHANIA TWAIN

↘ **BORN TO RUIN**

"BORN TO RUN"
BY BRUCE SPRINGSTEEN

↘ **GETTIN' JIGGLY WIT IT**

"GETTIN' JIGGY WIT IT"
BY WILL SMITH

↘ **HITCHIN' A BRIDE**

"HITCHIN' A RIDE"
BY GREEN DAY

↘ **MAKE A MOVIE ON ME**

"MAKE A MOVE ON ME"
BY OLIVIA NEWTON-JOHN

SYSTEM OF A DOWN

AERIALS

Bury us in the sky

CORRECT // *AERIALS IN THE SKY*

B.Y.O.B.

Why do they always semaphore?

CORRECT // *WHY DO THEY ALWAYS SEND THE POOR?*

HYPNOTIZE

Why don't you ask again that cinnamon square?

CORRECT // *WHY DON'T YOU ASK THE KIDS AT TIANANMEN SQUARE?*

SUGAR

Coke can believe you

CORRECT // *WHO CAN BELIEVE YOU?*

SUITE-PEE

I had another party experience

CORRECT // *I HAD AN OUT OF BODY EXPERIENCE*

TOXICITY

Eating suds is a bath time activity

CORRECT // *EATING SEEDS IS A PASTIME ACTIVITY*

She could see it in my factory

—

CORRECT // *SHE COULD SEE A NEARBY FACTORY*

Psycho killer, it's safe to say

—

CORRECT // *PSYCHO KILLER, QU'EST QUE C'EST*

Strange banana sprinkler

—

CORRECT // *STRANGE BUT NOT A STRANGER*

Peas from a pod, it's scientific

—

CORRECT // *THINGS FALL APART, IT'S SCIENTIFIC*

ARTIST

TALKING HEADS

change a letter in a song title

We think these songs would be better if the performer changed a single letter of the title.

↘ **PIGGY SUE**

"PEGGY SUE" BY BUDDY
HOLLY AND THE CRICKETS

↘ **THE REFLUX**

"THE REFLEX" BY DURAN DURAN

↘ **I'LL BE THE WINO**

"I'LL BE THE WIND"
BY GARTH BROOKS

↘ **SLEEPING HAG**

"SLEEPING BAG" BY ZZ TOP

↘ **TERRIBLE PIE**

"TERRIBLE LIE" BY NINE
INCH NAILS

↘ **THE DOPE SHOP**

"THE DOPE SHOW"
BY MARILYN MANSON

This was a nice attempt

—

CORRECT // *THIS WAS AN ACCIDENT*

T.A.T.U.

The Narcons will get us

—

CORRECT // *THEY'RE NOT GONNA GET US*

All the thinkers said

—

CORRECT // *ALL THE THINGS SHE SAID*

change a letter in a song title

We think these songs would be better if the performer changed a single letter of the title.

↘ **AWAY FROM THE GUN**

"AWAY FROM THE SUN"
BY 3 DOORS DOWN

↘ **WHO NEEDS SHEEP?**

"WHO NEEDS SLEEP?"
BY BARENAKED LADIES

↘ **GONNA MAKE YOU SWEAR**

"GONNA MAKE YOU SWEAT"
BY C+C MUSIC FACTORY

↘ **BURPING LOVE**

"BURNING LOVE"
BY ELVIS PRESLEY

↘ **WHAT YOU WAILING FOR?**

"WHAT YOU WAITING FOR?"
BY GWEN STEFANI

↘ **SURFER ME**

"SUFFER ME"
BY MATCHBOX 20

A scrub is a guy that thinks his ride is also known as a bus stop

—

CORRECT // *A SCRUB IS A GUY THAT THINKS HE'S FLY AND IS ALSO KNOWN AS A BUSTA*

My insides are blue, my insides are goo

—

CORRECT // *MY OUTSIDES LOOK COOL, MY INSIDES ARE BLUE*

Don't go Jason, what for?

—

CORRECT // *DON'T GO CHASING WATERFALLS*

UN-BREAK MY HEART

Sage and onion

—

CORRECT // *SAY YOU LOVE ME*

YOU'RE MAKIN' ME HIGH

Lies of flies, sit on my face

—

CORRECT // *LIGHT MY FIRE, BLOW MY FLAME*

HE WASN'T MAN ENOUGH

Dog chow

—

CORRECT // *DARK CHILD*

ARTIST

TONI BRAXTON

TOOL

ÆNIMA

Fret for your herpes

CORRECT // *FRET FOR YOUR HAIRPIECE*

EULOGY

You have sinned, you must die

CORRECT // *TO ASCEND YOU MUST DIE*

SCHISM

I know the pizza's thin

CORRECT // *I KNOW THE PIECES FIT*

SOBER

I am just a worthless lawyer

CORRECT // *I AM JUST A WORTHLESS LIAR*

STINKFIST

The system taught you everything

CORRECT // *DESENSITIZED TO EVERYTHING*

ARTIST

TORI AMOS

BLACK DOVE (JANUARY)

But I have to get two taxis

CORRECT // *BUT I HAVE TO GET TO TEXAS*

CAUGHT A LIGHT SNEEZE

Mr. Saddam, just bring your son

CORRECT // *MR. ST. JOHN, JUST BRING YOUR SON*

CORNFLAKE GIRL

Nearly was a corn-fed girl

CORRECT // *NEVER WAS A CORNFLAKE GIRL*

CRUCIFY

Gotta have myself a ring

CORRECT // *GOTTA HAVE MY SUFFERING*

SILENT ALL THESE YEARS

Your eyes focus on my funny little sheep

CORRECT // *YOUR EYES FOCUS ON MY FUNNY LIP SHAPE*

remove a letter from a song title

We think these songs would be better if the performer removed a single letter of the title.

↘ **THE DEAD HEAT**

"THE DEAD HEART"
BY MIDNIGHT OIL

↘ **CAR FREE HIGHWAY**

"CAREFREE HIGHWAY"
BY GORDON LIGHTFOOT

↘ **PETTY IN PINK**

"PRETTY IN PINK"
BY THE PSYCHEDELIC FURS

↘ **ADDICTED TO SUDS**

"ADDICTED TO SPUDS"
BY "WEIRD AL" YANKOVIC

↘ **GO SAVE THE QUEEN**

"GOD SAVE THE QUEEN"
BY THE SEX PISTOLS

↘ **BRAS IN POCKET**

"BRASS IN POCKET"
BY THE PRETENDERS

DROPS OF JUPITER (TELL ME)

Van Halen is overrated

—

CORRECT // *THAT HEAVEN IS OVERRATED*

ARTIST

CAB

Sometimes I think I'm the only cowboy to roam

—

CORRECT // *SOMETIMES I THINK I'M THE ONLY CAB ON THE ROAD*

MEET VIRGINIA

Beef or chicken, I can't wait to have, beef or chicken

—

CORRECT // *MEET VIRGINIA, I CAN'T WAIT TO, MEET VIRGINIA*

DEAR MAMA

We was bored and the ugly little kids

—

CORRECT // *WE WAS POORER THAN THE OTHER LITTLE KIDS*

CALIFORNIA LOVE

Flossin' but half kosher, we can't lie with other fools

—

CORRECT // *FLOSSIN' BUT HAVE CAUTION, WE COLLIDE WITH OTHER CREWS*

SHORTY WANNA BE A THUG

Wendy she's gonna be, Sadie's gonna be

—

CORRECT // *ONE DAY HE'S GONNA BE, SAID HE WANNA BE*

ARTIST

TUPAC SHAKUR

what if groups merged?

If two bands decide to combine, here's the new name we suggest they use.

↘ **ZZ MOUNTAINTOP**

ZZ TOP & MOUNTAIN

↘ **RED HOT SALT-N-CHILI PEPA**

SALT-N-PEPA & RED HOT CHILI PEPPERS

↘ **KORNHOLE**

KORN & HOLE

↘ **CAMPER VAN HALEN**

CAMPER VAN BEETHOVEN & VAN HALEN

↘ **WEEZING GORILLAZ**

WEEZER & GORILLAZ

↘ **THE DIXIE CUP CHICKS**

THE DIXIE CUPS & DIXIE CHICKS

BEAUTIFUL DAY

See time move right in front of you

CORRECT // *SEE CHINA RIGHT IN FRONT OF YOU*

I STILL HAVEN'T FOUND WHAT I'M LOOKING FOR

I believe in Kubla Khan

CORRECT // *I BELIEVE IN THE KINGDOM COME*

MYSTERIOUS WAYS

Shampoo in mysterious ways

CORRECT // *SHE MOVES IN MYSTERIOUS WAYS*

ONE

One love, one glove

CORRECT // *ONE LOVE, ONE BLOOD*

PRIDE (IN THE NAME OF LOVE)

Sunday morning, April fool

CORRECT // *EARLY MORNING, APRIL 4*

SUNDAY BLOODY SUNDAY

Someday, buddy, someday

CORRECT // *SUNDAY, BLOODY SUNDAY*

—
BURN

I'm gonna be a virgin 'til you return

CORRECT // *I'M-A BE BURNIN' 'TIL YOU RETURN*

—
MY BOO

It started when we were younger, you were nine

CORRECT // *IT STARTED WHEN WE WERE YOUNGER, YOU WERE MINE*

—
U DON'T HAVE TO CALL

'Cuz I'm gonna be a bride tonight

CORRECT // *'CUZ I'M GONNA BE ALRIGHT TONIGHT*

—
U GOT IT BAD

I was cotton candy

CORRECT // *FLOWERS, CARDS, AND CANDY*

—
YEAH!

If they ain't cutting then I'll put 'em on birth control

CORRECT // *IF THEY AIN'T CUTTING THEN I PUT 'EM ON FOOT PATROL*

AIN'T TALKIN' 'BOUT LOVE

Eat turkey for lunch

—

CORRECT // *AIN'T TALKIN' 'BOUT LOVE*

PANAMA

I'm a young man, come into my basket room

—

CORRECT // *GOT AN ON-RAMP COMING THROUGH MY BEDROOM*

JUMP

I've got my back against the wrecking machine

—

CORRECT // *I'VE GOT MY BACK AGAINST THE RECORD MACHINE*

WHY CAN'T THIS BE LOVE?

It's got money taste, so tell me why

—

CORRECT // *IT'S GOT WHAT IT TAKES, SO TELL ME WHY*

ARTIST

VAN HALEN

Put on a kettle for ya

CORRECT // *MOVE OUT OF CALIFORNIA*

ARTIST

THE VINES

RIDE

Walt Whitman

CORRECT // *RIDE WITH ME*

HIGHLY EVOLVED

Hi, little vole

CORRECT // *HIGHLY EVOLVED*

bad choices for on-hold music

Songs you don't want to hear while waiting on hold for a particular business.

↘ **"WHO LET THE DOGS OUT" BY BAHA MEN**

ANIMAL CONTROL

↘ **"TINY DANCER" BY ELTON JOHN**

LITTLE PEOPLE OF AMERICA

↘ **"BLINDED BY THE LIGHT" BY MANFRED MANN'S EARTH BAND**

LASER EYE SURGERY CLINIC

↘ **"GIVE IT AWAY" BY RED HOT CHILI PEPPERS**

TAX OFFICE

↘ **"LAWYERS, GUNS, AND MONEY" BY WARREN ZEVON**

DICK CHENEY'S OFFICE

If you're thinking of the horny goat

—

CORRECT // *IF YOU'RE THINKING OF THE HOLY GHOST*

I've been hit with a car

—

CORRECT // *RED HAIR WITH A CURL*

I'm gonna find a moth

—

CORRECT // *I'M GONNA FIGHT 'EM OFF*

THE WHITE STRIPES

MORE HUMAN THAN HUMAN

More human than you, man

—

CORRECT // *MORE HUMAN THAN HUMAN*

SUPER-CHARGER HEAVEN

Deviled ham, deviled ham

—

CORRECT // *DEVIL MAN, DEVIL MAN*

THUNDER KISS '65

Demon walking, comin' alive

—

CORRECT // *DEMON-WARP IS COMING ALIVE*

ARTIST

WHITE ZOMBIE

song mash ups

Remix artists are constantly combining songs in new and exciting ways. Here are some proposed titles for combinations they might try.

↘ **DON'T DRINK THE BLACK WATER**

"DON'T DRINK THE WATER" BY DAVE MATTHEWS BAND & "BLACK WATER" BY DOOBIE BROTHERS

↘ **HERE COMES THE NOVEMBER RAIN AGAIN**

"HERE COMES THE RAIN AGAIN" BY EURYTHMICS & "NOVEMBER RAIN" BY GUNS N' ROSES

↘ **LAWYERS IN LOVE RUNAROUND AND SUE**

"LAWYERS IN LOVE" BY JACKSON BROWNE & "RUNAROUND SUE" BY DION

↘ **MAMA SAID KNOCK YOU OUT OF MY HEAD**

"MAMA SAID KNOCK YOU OUT" BY LL COOL J & "OUT OF MY HEAD" BY PUDDLE OF MUDD

↘ **ROUND AND ROUND AND UPSIDE DOWN**

"ROUND AND ROUND" BY RATT & "UPSIDE DOWN" BY DIANA ROSS

↘ **RUNNIN' WITH THE DEVIL IN MY CAR**

"RUNNIN' WITH THE DEVIL" BY VAN HALEN & "DEVIL IN MY CAR" BY THE B-52'S

Hit the chicken with it

—

CORRECT // *GETTIN' JIGGY WITH IT*

WILL SMITH

Galaxy deaf benders

—

CORRECT // *GALAXY DEFENDERS*

I've never seen so many bare naked women with such sand

—

CORRECT // *I'VE NEVER SEEN SO MANY DOMINICAN WOMEN WITH CINNAMON TANS*

GIMME ALL YOUR LOVIN'

Like a poodle and a beagle in heat

—

CORRECT // *LIKE A BOOMERANG I NEED A REPEAT*

ARTIST

ZZ TOP

SHARP DRESSED MAN

Never go crazy for a short fat man

—

CORRECT // *EVERY GIRL'S CRAZY 'BOUT A SHARP DRESSED MAN*

SLEEPING BAG

Simple Simon says the band

—

CORRECT // *SLIP INSIDE MY SLEEPING BAG*

song mash ups

Remix artists are constantly combining songs in new and exciting ways. Here are some proposed titles for combinations they might try.

↘ **NAKED UNDERNEATH YOUR CLOTHES**

"NAKED" BY AVRIL LAVIGNE & "UNDERNEATH YOUR CLOTHES" BY SHAKIRA

↘ **JUST WANT YOU TO KNOW I'M TRAPPED IN THE CLOSET**

"JUST WANT YOU TO KNOW" BY BACKSTREET BOYS & "TRAPPED IN THE CLOSET" BY R. KELLY

↘ **BRASS MONKEY WRENCH**

"BRASS MONKEY" BY BEASTIE BOYS & "MONKEY WRENCH" BY FOO FIGHTERS

↘ **ALIENS EXIST ON MERCURY**

"ALIENS EXIST" BY BLINK-182 & "ON MERCURY" BY RED HOT CHILI PEPPERS

↘ **YOU GIVE TAINTED LOVE A BAD NAME**

"YOU GIVE LOVE A BAD NAME" BY BON JOVI & "TAINTED LOVE" BY SOFT CELL

↘ **YOU'RE BEAUTIFUL, STRANGER**

"YOU'RE BEAUTIFUL" BY JAMES BLUNT & "BEAUTIFUL STRANGER" BY MADONNA

credits and acknowledgments

↘ **THIS BOOK WOULD NOT EXIST WITHOUT THE CONTRIBUTIONS MADE BY AMIRIGHT.COM VISITORS OVER THE PAST SEVEN YEARS, SO I AM GREATLY INDEBTED TO MANY PEOPLE FOR MAKING THIS BOOK COME TOGETHER.**

—

The first and most important people to credit are my wife, Susan, and my son, Neal. On numerous occasions, Susan would sit over my shoulder and let me know her opinion on anything I was working on, and Neal from his crib would chime out in agreement. We have a shared love of pop music.

—

Without the editors and moderators of amiright.com, inthe80s.com, and inthe00s.com, I would never have reviewed the majority of the submissions received over the years. Thank you to 80s Cheerleader, Andrew G. Rock, Bobo, CatwomanofV, Ceramics Fanatic, Dagwood, Dominic L., Electric Blue, Gwen, HawkTheSlayer, Indy-Gent, Jacks, Jeff Reuben, Joe "70smoviefan" Smith, LucidLupin, Mandamoo, MidKnightDarkness, MooRocca,

Nally, Odyssey, Powerslave, Quirk, Red Ant, RetroGuyDK, Rubix Girl, Silver Power, Stingr22, SusanG, Tam, Tia, Vapor Trails, and whistledog.

—

Mostly, I'd like to thank the people who contributed misheard lyrics to amiright.com. Without those contributions, the site and this book wouldn't exist. I would love to list all of the people who sent in misheard lyrics, but there are two problems: there is not enough room, and I never saved the names of the people who contributed the lyrics.

—

Top40Db.net was an invaluable resource for verifying lyrics and song titles. It is one of the best researched lyrics Web sites on the Internet.

—

Thanks to Ron "Boogiemonster" Gerber of "Crap from the Past" for keeping my love of pop music minutiae alive with crapfromthepast.com.

And thank you to the people who submitted to the other sections of this book. Here's the huge list of people whose submissions we know we used:

Aaerni, Admiral Memo, agent nerve, Alan the Ottoman, aldrAea, Ali, All The Pretty Little Horse Conchs, Amanda, Amber Malone, Amy W, Andi, Andrew, Anna Buehnenheim, Anne R. Key, anonymous, Anonymous Bob, Artichoke_Man, Ashley Michelle McGowan, Ashy, baa, B.D. Joe, bearcat, beatlebabe, Ben Ingram, Beth, Big Mark, Billy Boyd, Billy Florio, blood8815, Bob, Bob Lieberman, boblina, bottle of what, brandon, Brenda Kohn, Brian Kelly, bridget, brighttiger, Britney Spears into pruning hooks, britpop, britrock, Bucky Bunny, C.J. Spindler, Candace Mercer, Cape Canaveral Lavigne, Carolee, Cat, Chase Waggoner, Cheeseburger in Parodies, Chibi, Chris Bodily TM, Chynna, CJE, Consta Pate, Country and shepop, Courtney Gripling, crazydon, Crimsondagger, daedolon, Danny, Dantana, Da Phoenix, Darla888, Dave, David, David Jones, D-Boz, Death_Zero, Deb A., DeBee, Deirdre Collins, Dennis, Dennis Jimenez, Diane McMaster, doesntmatter, Donna Gelpigi, Drewzi, Duhnees, D'Yoink, Ed, Edward, Edyth Bowen, 80songs, Eileen Wright, elwoodjblues, erica, Erika Clarkson, Erin Amidon, erm, me?, Eskii, Evan, evil,Ezra, Face Smasher, Fbug, feenyx, Ferragamo, ficticious, FiFi, Figgy, Fiona Apple Cider, Fixxyn, fluffy Bunny, Frank, Fred, FussBudgetVanPelt, Genevieve, Gretchen Wieners, Guise, haha i am dead, Hannah, hardrock, Harry, Heather Brockwell, hec, Heck Noover Nuck, Heidi, hm, Hocus Pocus Kylie Minogus, Hot D, huuskonenen, hybrid, I am the viod, Igor Molotov, Indomitus, Indy, It Was the DNA, Jaccass, Jacqui O'Day, Jamie Burke, Jared, Jay W, JD, Jeff Spaniels, Jeffrey Hope, Jennifer, Jersey-milkferrets, Jess, Jessica Childress, Jizzo, joe, Joel Martinez, Joelle, Joey Lawrence (no, not the actor), John A. Barry, John S Bond, Josh, Josh 999, Julia Cox, Julia Farda, Junior, K.C., Katelyn, Kathy, Katie, *katie, Kayla Stewart, kelvin kola, Kerianne, Kevin Breslin, Kevin Hamula, King George, Kirsten Abercrombie, Kjersti, Kobi, KooKooDee, Kralia, Kris, Kristin Hadley's Boyfriend, Kyla, Lana, Lanie, Larcen Tyler, Legion, Lindsay Lowhound, Lindsay Short, Lindz, Little Lovisa, loonytune, Lucinda Blair, Mandy Seever, mandylee, Marcia Todd, Mare Ego Round, Marguerite, Marilyn Westbury, Mark, Mark Silverman, Marlo, Martha Irvin, Marv, Matt, Matt Swanton, Max Maxter, Mayu, McRat1968, me, Meg Owens, Melanie Bianca Green, MenaceO, Mickey D., Mikael, Mike Florio, Millie Verst, Mr. Hyde, music man, Mustang Dave, nally, Naomi Swanson, Natalie Cole Slaw, Natalie Snortman, Natasha Bly, nearlywed, neptunevsmars, newrock, No Name Given, o, oldrock, oldschool, oldsongs, Olga Ruiz, one, Opinion

Girl, Pam Tabor, Papaya, Paul G, Peggy Pollock, Penelope
Beckinsale, PerzinPen18, Peter, Pieter, pikapal, pmggp, Popeye the
Drimaster Man, qaz, Rachel Stedman, raddog20002002, Ramona
B., rap, Raphael, Raphael Bivas, Reb, Rebecca, Red Ant, Reese
without her spoon, Regina Haniger, Regina Olsen, Relik86, Renee
Sutton, retsehcekim, Rhoda Dohr, Rhonda Blankenship, rocky,
Samantha Wayland, Sammee, sarah, Sarah, Serafina, sh@rk_bite,
Sheila Evans, Shelley Potts, shepop, sherock, shyguy, Sir Alan
George Palgut I, SisterGirl, Soraiya, soul, soul ii, Stacy McTasey,
Stacy, Sunshine, Supernixi, SusanG, sxxxyx, Syncronos, Teensabre,
Ten Second Braeden, Terror Reid, that guy, That No-one Candy
Nye, The Incredible Myself, TheMatrixKid, the mystic garbage,
The Rev. A. Palgut, Thessaly Danes, Thunderbolt, Tim, Todd
Gallant, Tom, Topazslug, Tracy Frummond, trigger, Trina Lufkin,
turkoizdog, Twila Paris Hilton, twinkie, VJON, Waddle Dee,
walmartian, Warlock, Waterbabe, Wendy Torrance, weyKiller, who
cares what my name is, William Wade, Windturf, YAY_FOR_PIE,
Yvonne Sindri, Zachary Mitchell, Zenateur, Zenobia, ZSGhost.